「やりたい仕事」で稼ぎ続ける！

フリーランスの仕事術

長谷川 華

同文舘出版

はじめに

はじめまして。

フリーで、雑誌や書籍の編集とライターをしている長谷川華と申します。

出版社の正社員として丸7年勤めたあとに、フリーになって今年で12年目。気がつけば、社員として働いていたときより、フリーでいる時間のほうが長くなってしまいました。

ただ、私が会社を辞めたあと、「この先もずっとフリーでやっていこう！」と決めたのは、フリーになって3～4年経ったときのことでした。フリーになるために会社を辞めたわけではなかったので、正社員に戻ろうか、と悩んだことも正直ありました。

フリーは仕事も収入も不安定です。いつ仕事がなくなるともわかりません。自分の「名前」で仕事をするので、失敗すればそれはすべて自分の責任です。上司や会社のせいにすることもできません。

自分の名前で仕事をするということは、自分自身が「商品」でもあるので、自分に魅力がなければ仕事がなくなるという、常にその怖さもつきまといます。

でも、それ以上の「やりがい」や「充実感」、「満足感」といったものがあります。自分の足で立っているというか、自分のやりたいことだけをやってお金を稼いで生きている、という実感があります。

もちろん、それはフリーとして仕事をするだけの「スキル」がある、ということが大前提になります。

フリーになると自分にしかできない仕事ができるというのも、魅力のひとつです。

フリーと言ってもいろいろな種類の仕事がありますが、どんなジャンルのフリーの人にも、その人にしかできない仕事があるはずです。

フリーになりたての頃は、なかなか仕事が入ってこなかったり、自分がやりたい方向とは違う仕事を受けたりしがちですが、せっかくフリーで仕事をしているのだから、自分がやりたい仕事、納得がいく仕事だけで、生きていきたいと思いますよね。

この本では、フリーの人の最終目標である「自分のやりたい仕事だけでまわしていく」ために、どうしたらいいいか？　営業の仕方や、日頃の仕事の中で気をつけたいこと、クライアントとのコミュニケーションの取り方などを、述べています。

せっかくフリーになったのだから、生活のためにと、やりたくない仕事ばかりを受けたり、納期に追われて心の余裕がなくなったり……。そんな生活はやめにしませんか？
ちょっとしたコツや気の遣い方で、あなたの仕事の量も質もぐっと上がるはずなのです。

どうかフリーになろうとしている人、フリーになったばかりの人、フリーになったはいいけれど、今いちうまくいっていない人が、この本を読んで少しでも、「自分のやりたい仕事」を獲得するお役に立つことができれば、こんなにうれしいことはありません。

長谷川　華

やりたい仕事で稼ぎ続ける！
フリーランスの仕事術

目　次

2章 「仕事がしやすい」と思ってもらえる営業術

3章 円滑に仕事を進めるコミュニケーション術

4章 自分時間を増やすタイムマネジメント

5章 自分の商品価値を高める習慣

6章 一番大事なお金のこと

7章 こんなときどうする? フリーの仕事Q&A

装幀、本文デザイン・DTP　トモエキコウ（荒井雅美）

1 章

フリーは自分自身が「商品」

「フリー」という働き方

そもそも「フリー」って何でしょう?

一言で言うと、組織に属さずに1人で仕事をしている人、それがフリーランス(フリー)だと思います。

つまり、何かスキルがあって、それでお金をもらっていて、そしてそれを1人でこなしている人、それがフリーの定義ではないでしょうか。

組織に属さずフリーでも仕事ができる、クライアントから仕事の依頼がくる、ということは、**その仕事のプロだということの証明**でもあります。

□何かのプロであって、初めて「フリー」になれる

「はじめに」でも触れましたが、フリーは「スキル」があってこそ成り立つ職業です。

もちろん、自分で名刺を作って「今日からカメラマンです！」と言えば、誰でもその日からカメラマンにはなれます。

でも、そういうことではないのです。何かしらのプロとして周囲から認めてもらえていて、しかもそれでお金を稼ぐことができる。つまり、そのプロのスキルについて仕事の依頼がくる。それが「フリー」というものです。

何もスキルがないのにいきなりフリーになるのは、難しいと思います。

たとえば私が仕事をしている出版業界では、一口にフリーと言っても、編集の技術、文章を書く技術、写真を撮る技術、デザインをする技術、イラストを描く技術などを持っている人が、フリーで仕事をしています。

もう少し範囲を広げてマスコミ業界（テレビや映画、音楽やラジオ、新聞や広告、ウェブ業界など）で、フリーで仕事をしている人といえば、プロデューサーやコピーライター、カメラマン、ディレクター、○○ジャーナリスト（○○にはスポーツとか美容とか専門分野が入ります）、などなどが当てはまります。

どれも自分の分野でプロとしての技術を持って仕事をしている人ばかりですよね。

それ以外にも、研修講師や弁護士、行政書士、中小企業診断士など、いわゆる士業の人、管理栄養士やお料理や楽器の先生、カウンセラーやセラピスト、パーソナルトレーナーやヨガの先生といったボディワーク関係の人、いろいろな職業の人が、フリーという形で仕事をしています。

どの職業も、その技術でお金をもらうのですから、それがアマチュアのレベルではお金を稼いでいくのは難しいことでしょう。まずはお金を稼げるだけの「技術」を最低限、身につけること、それがフリーで生きていくための大前提だといえます。

自分が「商品」だということを忘れずに

私もフリーになって10年以上が経ちました。

フリーで仕事をしていて強く思うのは、**フリーとは「自分が商品」**だということ。自分の名前ひとつで仕事をしているのがフリーです。

いわば、自分の名前が看板です。

特にそれを意識するのは、売り込みの営業や初めて仕事をする人との打ち合わせに行くときです。頭のてっぺんからつま先まで（髪型やメイク、洋服はもちろん、匂いにいたるまで）、名刺の出し方から、話す言葉一字一句までが、自分という「商品」を表現しなくてはならないし、相手にもそれをチェックされている、ということを忘れないようにしています。

フリーとしてやっていくためには、自分が自分という商品のよきプロデューサーでなければならないのです。

プロとしてやっていくためには「営業力」が不可欠

フリーとして生計を立てていくには、

①何かの職業のプロとしての能力

②営業力

の2つが必要です。

なぜなら、それは**「継続的に仕事がくる」**ようにするためです。

私の周囲では、フリーを廃業する人たちが少なくありません。その理由は何と言っても「自分に仕事がこない」からです。

フリーは仕事をしたらしただけ、自分の収入に結びつきます。廃業とまではいかなくても、フリーの人たちにとって一番つらいのは、この「仕事がない」状態です。

それが解消されたのが、「継続的に仕事がくる」状態です。

いつでもこの状態であるのが理想的です。しかも、手間ばかりかかってギャラが安いとか、自分の得意分野ではない仕事ではなくて、「自分のやりたい仕事」が〝継続的に〟くること、その状態に持っていくことが大事です。

前ページで挙げた2つの力のうち、「**何かの職業のプロとしての能力**」が必要である、というのは、最低でもプロとしての能力が必要だということ。まずお金を稼げるようなプロとして何かのスキルがあることが、フリーになるための最初の必須条件です。その力がない人はフリーではやっていけません。

さらにそこに、「**営業力**」が必要であるということです。

仕事を獲得するために自分のスキルを売り込む「営業力」ももちろん大事ですが、この営業力にはそれ以外にも、仕事相手とのコミュニケーション能力、トラブルが起こったときにうまく対応する能力なども含まれています。

どうして、こういった営業力が必要だと思いますか？

「何かの職業のプロとしての能力」が同じ実力のフリーの人が2人いたら、仕事を頼む側は、**仕事がやりやすい人に頼んだほうがいいに決まっているから**です（詳しくは2章）。

そのときに相手があなたを選ぶ決め手となるのが、あなたの営業力なのです。

私も出版社にいた頃は仕事を頼む側だったし、今でも仕事をお願いする側になることもあります。ですから、能力が同じ人が2人いたら、仕事がしやすい人に頼む、というクライアント側のその気持ちはよくわかります。

営業力を身につけて「継続的に仕事がくる」状態にしよう

フリーというと、組織の中で協調性を持ちながら仕事をしていくのが苦手だから、とか一匹狼がいいからフリーになった人が多い、と思われがちですが、**そういう人は、実はフリーになってもうまくいかないことが多い**ものです。

確かにフリーは、自分にオーダーがきた仕事の多くを自分の裁断で進めていくことができるし、いちいち上司の判断を仰いだりしなくてもいいので、気楽なところもあります。

でも、逆に1人で仕事をしているので、仕事がこなくなっても誰も助けてくれないし、仕事がないと当然収入も入ってきません。

収入もサラリーマンのように安定していません。年間の売上が600万円だとしても、毎月コンスタントに50万円ずつ入ってくることはまずない、と思っておいたほうがいいでしょう。今月は100万円だけど来月は20万円、再来月は60万円、というようにギャラの入り方も不安定なのがフリーの特徴です。

お金のことについてはあとで述べますが（詳しくは6章）、不安定だからこそ、「継続的に仕事がくる」ことはとても大事なのです。簡単に言ってしまえば、たとえ今月の入金が0円だとしても、来月や再来月にお金が入ってくることがわかっていれば、さほど不安になることもないですよね。

また、私たちフリーの仕事には仕事の依頼主（クライアント）がいます。

こちらが有名なアーティストでもない限り、クライアントが「好きにやっていいよ」といって発注してくる仕事などほとんどありません。

必ずそこにはクライアントの意向があります。そして、フリーはそれに**100%に近い満足度で答えないと、次はない**と思ったほうがいいでしょう。

相手が何を求めているかがわかっていれば、ある程度、成果物の形は見えてきます。

相手が何を求めているかを知るためにも、先に述べた「営業力」はとても大事になってくるのです。

フリーこそ、相手が何を求めているかを察知する能力が必要だし、仕事相手と上手にコミュニケーションを取りながら仕事を進めていく能力が必要になってきます。

営業力があれば、フリーが目指すところの「継続的に仕事がくる」ことにもつながる、というのは、このようなことからも理解していただけるのではないでしょうか。

技術があればそれでいいわけではない

人によっては、「何かの職業のプロとしての能力」があるのだから、仕事はくる、という考えもあるかもしれません。でも、きつい言い方かもしれませんが、この考え方は、はっきり言って**「甘い！」**です。

自分の持っているスキルが「世界に自分しかできない！」と証明できるくらいオリジナリティのある人は、フリーの中でもほんの一握り。そういう人は、本当にその人の実力と名前だけで仕事の依頼が殺到し、有名になっていくことでしょう。

いわゆる作家とかアーティストと呼ばれる人たちが、この部類に入る人たちです。ミュージシャンもそうだし、建築家などもそうでしょう。

でも、そういう人たちだって、周囲に「売れ方」を考えるブレーンとなるスタッフやマネージャー、プロデューサーがいたりするので一概には言えませんが、そういう作家やアーティストの方々はこの本を読む必要はありません。

大抵のフリーの人は、そうではないところで頑張っているのです。

私自身のことを言えば、一般の人よりは、確かに企画を思いつきやすかったり、人の気がつかないところにネタを見つけるのが上手だったり、人より文章を書くのがうまいのだと思います。でも、それらの力が人よりものすごく飛び抜けているわけでもありません。

社員時代の上司が「カメラマンは自分たちより少し光を読むのが上手だ」と言っていました。それがカメラマンのスキルのすべてではありませんが、「なるほどな」と思ったのを今でも覚えています。

私が尊敬する編集者に花森安治という『暮しの手帖』という雑誌を作った昭和の編集者がいます。今で言うところのカリスマ編集者ですが、そういう人になるのは一時代に1人という程度の割合だと思います。

くどいようですが、「何かの職業のプロとしての能力」があることが、フリーで生きていくための最低条件です。

しかし、その能力が「天才」である必要はありません。そこからどれだけ自分に仕事が依頼されるかは、冒頭から述べているあなたの「営業力」にかかっています。

そして、それはそんなに難しいことではありません。日々のちょっとした努力の積み重ねによって、営業力は鍛えることができるのです。

たとえばそれは、自分を売り込む「営業マインド」を忘れないこととか、ちょっとした物の言い方やメールの返事の仕方だったりします。

もしかすると、「何だ、そんなことか」と思われるかもしれません。でも、それを本当に実践するかしないかで、継続的に仕事がくるかこないかは大きく変わってくるのです。

仕事はどこにでも転がっている

営業は日々のちょっとした努力でできると言いましたが、フリーになりたてで、何でもいいから仕事が欲しい、という人もいると思います。

でも、闇雲に営業するのはおすすめできません。それは**自分の価値を下げることになる**からです。

次章でも述べますが、まずは自分がフリーとしてどういう道に進んでいきたいのか？どの分野でどうなりたいのか？　といった目標や計画を立ててみてください。

そうすれば、たとえ今仕事がなくても、何の仕事でもいいとは言えなくなるはずです。自分を必要としてくれている仕事はどこかにあります。問題はその探し方です。「探し方」とは、言葉を変えれば「営業の仕方」ともいえます。

5～6年前、レギュラーで仕事をしていた月刊誌3誌が相次いで廃刊になる、ということを経験しました。そして、そのときに必死で営業活動をしました。これまでのキャリアの中で、一番のターニングポイントがこのときだったと思います。

正直、安定を求めて出版社などの企業に就職しようかとも思いました。しかし、当時はすでに35歳を超えていて、そうそう正社員の求人はありませんでした。

半年くらいの間に、自分の得意分野と少しでも重なる本を出している出版社が求人をしていれば、「きっとだめだろうな……」と思いつつも、「だめでもフリーとして仕事がくるかもしれない」という前向きな気持ちで、あきらめずに応募をしました。

それ以外にも、「仕事マッチングサイト」に登録したりもしました。これは、

・フリーに仕事をお願いしたい人（企業の他フリーの人も含む）
・フリーで仕事をしたい人

相互が登録をして仕事を提供したり、仕事を探す、というインターネット・サイトです。検索してみると、いくつか大きなサイトがあります。

たとえば、ポスターを作りたい広告制作会社が、「メルヘンタッチのイラストが描けるイラストレーターさん求む！」とか、出版社が「2時間分のＩＴ企業社長へのインタビューの音声のテープ起こしをしてくれる人求む！」といった求人広告を出します。そし

て、登録しているフリーの中で「われこそは」と思った人がそれに応募する、という仕組みです。

そこを通じて、今までのキャリアを生かして女性向けの占いサイトの原稿を書いたり、美容や食のウェブ記事の原稿を書いたりもしました。そういう世界は、それまで知らなかった世界でした。ウェブライターという言葉があるのも、このとき初めて知りました。

他には、出版系に強い派遣会社や、マスコミ全般に強い人材登録会社に登録したりもしました。

営業はブレずに行なうことが大事

その半年間に感じたことは、ギャラや書く内容をいとわなければ、いくらでも仕事はあるし、探せば新しい仕事先もあるということでした。

仕事はいくらでもあるのであれば、やっぱり自分のやりたい仕事だけで生きていきたい、そう強く決意したのもこのときでした。

私は女性誌が取り上げるような話題や女性の生き方、ひいては「女性を元気にする」、そういう分野の本や雑誌作りをしていきたいと思っています。

もちろんそのために日々インプットをしたり、営業をしたり、自分がやりたい仕事を続けていける状態をキープするための努力は必要です。

フリーになりたての場合は、やってくる仕事を何でも受けてしまいがちです。

でも、**自分が何をしていきたいのか、そこからブレない**ことです。その「芯」がしっかりしていれば、営業に行ってもきちんと自分をアピールできるし、たとえ金額が安い仕事でも、そこから金額以外の何かを学ぶことができますし、それがあなた自身の血肉となっていくことと思います。

そして、そういう努力をしていけば結果は必ずついてくることでしょう。

最終的には自分のやりたい仕事だけで生きていく

「何かの職業のプロとしての能力」があって、「営業力」を身につけて、「継続的に仕事がくる」状態になったその先には、実はさらに目標があります。

それは「継続的に仕事がくる」、その仕事が**自分の「やりたい仕事」だけになる**、という状態です。

このやりたい仕事とは、自分が主体的に「この仕事をしたい」「この会社の仕事がしたい」と思っている仕事のことです。

理想は、自分のほうから売り込んだ仕事、そしてそこから派生した仕事だけで、仕事が続いていく状態です。

たとえば私の場合だと、Aという本の企画を出版社に売り込み、それがめでたく私の仕事となって本が出ました。そして、本が売れました。では、Aの続編を作りましょう、と先方が言ってくる。このAの続編は、直接自分から売り込んだ仕事ではありませんが、自分のほうから売り込んだ仕事から派生した仕事です。

また、Aの仕事を知った他のクライアントが、Aと同じジャンルでBの仕事を発注してくる。これもAから派生した仕事です。

自分から売り込んだAという仕事、そしてそこから派生したAの続きの仕事、Aを評価した他社からのBの仕事といった仕事だけで自分の仕事がまわっていくのが理想的な状態です。

ストレスフリーで仕事ができる！

先にも述べましたが、フリーになりたての頃は「この仕事がしたい」と自分が思っている仕事だけでは稼げませんし、フリーで働く状態に慣れることに意識がいってしまいがちです。

さらに、「仕事が継続的にくるだろうか？」という不安のほうに大きく意識がいっていることも多いので、そんなに自分のやりたい仕事が何なのか、はっきり見えていない人も多いことと思います。

だからといって「仕事なら何でもいい」と闇雲に営業していても、私がここで言っている「やりたい仕事だけで、継続的に仕事がくる」という状態にはならないことでしょう。

正直、フリーになって10年以上経つ私も、自分の「やりたい仕事」だけで100%、仕事をしているわけではありません。

自分が持ち込んだ企画以外にも、出版社の方から声をかけていただく仕事も結構あります。そのときどきによりますが、自分が売り込んだ仕事が、そのとき手がけている仕事全体に占める割合は50~70%くらいです。

でも、女性が読む雑誌に取り上げられるようなネタ（妊娠、出産、子育て、女性の身体、ダイエット、料理、美容、キャリア、旅など）が「得意分野」だと日々営業している私のところに、いきなり「車」とか「パソコン」とか「釣り」といったかけ離れたジャンルの仕事がくることはありません。

基本的に、私が「得意分野」だと言っているジャンルの仕事しかこないので、私も楽しく仕事ができます。つまり、楽しく仕事できるということは、ストレスがないということです。

もちろん、締切が重なることで「時間がない！」、そして「睡眠不足になる」といった物理的なストレスはありますが、「やりたくない仕事ばかりしている」といったストレスはありません。

「やりたい仕事」獲得のために

さらにそれ以上に、私は日々、「やりたい仕事」獲得のために「営業」をしています（詳しくは2章）。たとえば、仕事をしたことがない出版社の編集者に「自分」を売り込みに行ったり、書籍などの「企画」の持ち込み営業をしています。

前者の場合は、自分がやりたいと思う企画の本や雑誌を出している出版社の編集部に自分のプロフィールを持ち込む方法です。

後者は、これは自分が「面白い」「本にしたい」と思った「こと」や「人」を企画書にして、出版社に売り込むということです。売り込みをして、出版社側でＯＫが出れば、その企画を記事にしたり、本にすることができます。その場合、記事を書いたり、本を編集するのは、ほぼ私の仕事になります。

これこそが、自分の「やりたい仕事」を獲得することであり、「やりたい仕事」が自分に発注される、という状態です。

いつでも自分の「やりたい仕事だけで継続的に仕事が続いていく」ためには、クライアントは1社ではいけないし、新しく出会った人で、自分が一緒に仕事をしたいと思う人がいたら、**「今度売り込みをしてもいいですか？」と言う厚かましさも忘れてはいけません。**

日本人は基本的に謙虚な人が多いので、初対面の人に対してあまりに厚かましい態度を取るのはどうかな、と思ってしまう傾向にあります。

その場で営業トークをするのがはばかられるのならば、「名刺をください」でもいいのです。とにかくその人の連絡先を入手したらしめたもの。あとはメールをすればいいのです。できればその場で「今度メールさしあげてもいいですか？」の一言を言っておくと、さらにいいでしょう。

メールがなかった時代に比べると、引っ込み思案の人でも楽に売り込みができるようになったと思います。

「遊ぶように仕事をする」がモットー

せっかくフリーという形で仕事をしているのにストレスがあるというのは、よくない、そしてもったいない状態だと思います。

確かに、フリーでもストレスはたまります。たまにフリー仲間同士でも「こういう困った担当者がいて」「こんな大変な仕事があって」といった人間関係や仕事内容のストレスについて話をします。

ただ、フリーは会社員と違ってストレスから逃げやすい状態にあります。なぜなら、**ストレスのかかる仕事は、やめればいい**からです。

当然、一度仕事を断ると、もうその担当者（あるいはその会社）から再び仕事がくるとは思わないほうがいいでしょう。しかし、逆に、本当に「絶対、その仕事をしたくない！」と思えば、断ってしまえばいいのです。

また、ストレスの原因の大半は人間関係です。同じ仕事であっても担当者が違えば仕事自体に感じる印象も変わってきます。大抵、こちらが「嫌だな〜」「大変」と思っている相手は向こうもそう思っていて、そういう仕事は消えていくことが多いものです。

3回ルールでやりやすい人とやりたい仕事をしていく

私は、どう考えてもこちらが悪くなくて理不尽な目にあった場合、自分の中で「3回ルール」というのを作っています。それは、2回目までは我慢するけれど、同じことがまた起こったら、3回目にはそれについて「やめてほしい」「それは違っているのでは?」と、相手に言ってみるというルールです。

もちろん言い方については、できるだけ相手を怒らせたり傷つけたり、嫌な思いをさせないように気を遣います。

このルールを実行したら次の仕事はこないことがほとんどです。こちらもそのつもりだからいいのですが、できればこのルールを施行せずにスムーズにすべての仕事が進むのが理想的です。

ただ、どうしても初めて仕事をする相手とは、お互いに仕事のやり方が探り探りというところがあるので、たまにこのルールを実行せねばならない事態が起こってしまいます。

できるだけ仕事のやりやすい人と、自分がやりたい仕事だけをやっていく、それが理想です。「3回ルール」は、そのための基準なのです。

「遊ぶように仕事をする」というのが私の会社員時代からの仕事に対するモットーのひとつです。

「遊ぶ」といっても、本当に「仕事をしないで遊んでいる」という意味ではありません。頭を使ったり長時間机に向かったり、仕事は楽しいだけでは済まない部分もたくさんあります。でも、それも「いいもの」や「いい結果」を作るためなら頑張れるし、そういういいものを作る生活はやりがいがあって楽しいものです。

生活のためだけとか、他に選択肢がないから仕方なく、とかではなくて、自分がその仕事の「プロ」として誇りを持って仕事をしていける、そんなフリーが増えるといいな、と思っています。

2 章

「仕事がしやすい」と思ってもらえる営業術

「日々是営業」の精神が大事

フリーは「今日からデザイナーです！」「今日からカメラマンです！」と自分が宣言してしまえば、そこからすぐにフリーになれます。だからといって、すぐに仕事がくるわけではありません。

たとえば先生にお弟子さんやアシスタントとしてついていていてそこから独立した場合は、クライアントからも「あの先生のところの○○さんが独立したらしい」ということで、仕事が発注されることも多いです（といってもまずは小さな仕事からですが）。

先生から独立した場合や、私のように、最初にクライアント側の会社にいた場合はラッキーなパターンといえます。

しかし、そのような場合でも営業は必須ですし、そうでない場合は、さらに営業なくして仕事の獲得はありえません。

「日々是営業」。これは、私がフリーで仕事をしていく上でモットーにしていることのひとつです。

1章でも述べましたが、今から5~6年くらい前に、レギュラーで仕事をしていた女性誌が立て続けに廃刊になるということがありました。

ギャラは雑誌が出版されてから数カ月後に振り込まれることがほとんどなのですが、廃刊になった3誌のうち、最後に仕事をしたときのギャラが振り込まれたあとに、これからは定期的にギャラが振り込まれる予定がなくなる、ということに気がついて愕然としてしまいました。

もっと早くそれに気がつくべきだったのですが、フリーになってからそれまでは、割と順調に仕事がきていましたし、レギュラーで月刊誌を3冊も抱えていて、日々の仕事をこなすのにいっぱいいっぱいで、先のことを考える余裕がなかったのが正直なところです。

定期的に仕事がきていたからといって油断してはいけないのだな、ということを、そのとき心から痛感しました。

当たり前ですが、3誌の仕事がなくなったからといって、誰かがその分の仕事やギャラをフォローしてくれるわけではありません。

それまでも営業をしていなかったわけではありませんが、積極的にしていたというわけでもありませんでした。このときから、営業の大切さを身にしみて感じ、どんな小さなきっかけもチャンスととらえ、こまめに営業をするようになりました。

そこでこの章では、フリーの営業の方法について具体的に述べたいと思います。1章でも述べましたが、フリーの目標は「継続的に仕事がくること」、そして最終的には「自分のやりたい仕事だけで仕事が続くこと」です。

「継続的に仕事がくる」ためには、ある程度の数のクライアントを常に持たなければならないし、「自分のやりたい仕事だけで仕事が続く」ためには、自分は何がやりたい人なのかを周囲にわかってもらい、さらに自分がやりたい仕事だけが自分にくるようにしなければなりません。

営業の方法は、

- **自分が今後やってみたい、またはやりたい仕事について知らない人に営業をする「新規の営業」**
- **今、自分が持っているクライアントと末永く仕事を続けるための「継続的な営業」**

の、2通りがあります。その違いは何なのか？　それぞれどういう営業をすればいいのか？　についてご説明します。

もしかしたら「そこまでやるの？」「そこまで気を遣わなくても」と思われる方もいるかもしれません。営業はとにかく苦手、という人も多いと思います。

私のいる業界に限って言えば、出版業界は不況です。人が読むものがなくなることはないとは思っていますが、それは「本」という形ではないかもしれません。出版業界がなくなることはないかもしれませんが、この先、先細りなのは明白です。

そういった状況の中で、フリーという立場で仕事を続けていくためには、これぐらいの努力は必要かなと思っています。そういう営業努力をしないで看板をたたんだ同じフリーの人たちを何人も見てきました。

そして、他の業界でも同じことが言えます。不安定なこの時代、日本の経済自体がどうなるかもわかりません。いつ自分のいる業界がそうなるとも限りませんよね。営業のチャンスがあれば、やるに越したことはないと思います。

まずは自分が何をどれくらいしたいのかの洗い出しを

営業をするためには、まず自分のやりたい仕事が何なのか？　どういう分野でどんな仕事をどれくらいやりたいのか？　が明確になっていないといけません。

たとえば私なら、年に何冊の本が作りたいのか？　ジャンルはどんな分野なのか？　そしてそれでどれくらいの収入を得たいのか？　といったことです。

まずは今年1年間の目標や計画を立ててみましょう。それができたら3年後、5年後について考えてみるのもいいでしょう。自分のライフプランと合わせつつ、どういうフリーになりたいのか、一度考えてみるといいと思います。

そしてさらに重要なのは、その目標や計画を定期的に見直すこと。1年に1回とか2年に1回でもいいかもしれません。ある程度の時間を置いて見直すと、自分の環境や考え方が変化していて、その目標や計画を軌道修正することができますし、そうやって軌道修正をしつつ仕事を続けていくことも、長くフリーで働いていくためには必要です。

自分が何をしたいか？　洗い出してみよう

- □ 自分の仕事の中で自分の強み、または得意分野は？
- □ 今後増やしていきたい分野は？
- □ そのためには何をすべき？（今、1年後、2年後、3年後それぞれについて）

〜〜〜

- □ 来年の仕事での目標は？
- □ 来年のプライベートでの目標は？
- □ そのために今年すべきことは？
- □ 来年の年収の目標は？

〜〜〜

- □ 3年後の仕事の目標は？
- □ 3年後のプライベートでの目標は？
- □ そのために3年後までにすべきことは？
- □ 3年後の年収の目標は？

〜〜〜

- □ 5年後の仕事の目標は？
- □ 5年後のプライベートでの目標は？
- □ そのために5年後までにすべきことは？
- □ 5年後の年収の目標は？

〜〜〜

- □ 仕事上で死ぬまでに1番やりたい大きなことは？
- □ 死ぬまでにやりたいこと100をあげるとしたら？

フリーで働き続けていくために、
今の自分、未来の自分について考えてみましょう。

□「誰」に営業するか？

次に、誰に営業するのか？ という問題があります。営業する相手は、自分と直のクライアントになる人です。

私の場合なら出版社にいる編集者ですが、いわゆるクリエイティブ系の人は、私と同じように、一緒に何かを作って、それを販売する企業や人がクライアントとなります。

研修講師の人は企業がクライアントだと思います。士業の人ならクライアントになる企業や個人のお客様、人に教える仕事の場合は、教室になるスペースや枠を貸してくれる人と個人のお客様などになります。

このように営業先を大きく分けると、企業か個人かという問題になります。本書では主に企業の人を想定していますが、仕事によってはダイレクトに個人のお客様がクライアントの人もいるでしょう。

そういう場合は、ブログやSNSを利用したり、お客様が集まりそうなエリアのフリーペーパーに広告を出したりといった営業活動も必要となってきます。

知らない人への「新規の営業」

フリーの人にとって一番億劫なのが、知らない人への営業ではないでしょうか？

知らない人と話すことが平気な人には全く面倒ではないですが、そうでない人にとっては、緊張はするし、なかなか腰が重くなる行為だということはよくわかります。

知らない人への営業には2通りあります。

本当に全く知らない人に電話をかけてアポイントを取って営業に行く方法。もうひとつは誰か知り合いに紹介してもらって、知らない人のところに営業に行く方法です。

どちらが楽でどちらが楽ではないと一概に言えませんが、**誰かの紹介で売り込みに行ったほうが楽だし、うまくいくことが多い**ように思います。

それは、人は自分の知っている人からの紹介だと安心や信頼度が増すからです。どんな素性かわからない人からの突然の売り込みよりも、自分が信頼しているスタッフを介した売り込みのほうがぐっと親近感が増しますし、よく見えると思います。

□全く知らない人への営業

まず、全く知らない人への営業は、営業先探しから始まります。

自分が何の仕事をしているかにもよりますが、自分が仕事をしたい相手、つまりクライアントが集まっている名簿があると手っ取り早いと思います。

それはもしかしたら電話帳かもしれないし、ウェブ上に誰かがまとめてくれたリストがあるかもしれません。とにかくそういった情報から、自分が仕事をしたい相手だけをリストアップしたものを作っていきましょう。


たとえば、企業のコンサルタントだったら、自分が得意な職種や業種の会社の担当部署、学生向けのキャリアカウンセラーだったら大学の就職課などです。

私の場合だったら、自分が仕事をしたい出版社の編集部の連絡先リストです。出版社といってもいくつもの編集部に分かれています。会社の代表に電話をするよりは、それぞれの編集部に電話をしたほうが手っ取り早いです。

そこに電話をして、できたら売り込み担当（という担当がいるかどうかは編集部次第ですが）の人、または編集長や副編集長、デスク（副編集長程度の力を持っている人）など、ある程度権限のある人と会うアポイントメントを取りつけます。

会社にもよるかもしれませんが、正直、新入社員に会っても仕事が発注されるとは思わないほうがいいでしょう。ある程度仕事の裁量を任されている人と会ったほうが、その人だけでなく他の人にも自分を紹介してくれる可能性があります。

とはいえ、全くの新規開拓はかなり大変です。素っ気ない対応をされることもあるかもしれません。でも、何のつてもなくて、いきなりフリーになった人は、これぐらいの営業をしないと新しいクライアントの獲得にはならないでしょう。

つてをたどる「新規の営業」

全く知らないクライアントへの新規の営業であっても、何かのつてをたどることは大事です。自分が仕事をしたいクライアントと知り合いの人（別のクライアントでも、フリーの友人でも）がいたら、**「紹介して」と素直に言ってみる**ことです。

相手は「めんどくさい」と思うかもしれませんが、もう一押し。頼まれて「嫌」と言う人はそうそういないものですし、それくらいの厚かましさを持ち合わせないと、新規開拓はできません。

私も、自分が仕事をしたいと思うクライアントと一緒に働いているなど、そのクライアントにつてがある人（会社員、フリー問わず）には、「紹介して」と素直にお願いするようにしています。

大抵は、その人がつながりのあるクライアントの連絡先を教えてくれるので、その先の売り込みにまでつながります。

そして、たとえ仕事にならなかったとしても、紹介してくれた人に対するご恩返しを忘れないこと（詳しくは66ページ）もとても大切です。

そして売り込み後、仕事につながったときには、**紹介してくれた人の顔をつぶさないようにきちんと仕事をする**こと。これは、自分はもちろんですが、紹介してくれた人の信用問題にもつながりますから、十分注意したい点です。

人脈作りは必要？

フリーで仕事をしていると、やはり人脈は大事です。人と人とのつながりに助けられるなぁ、ということがしばしば起こります。

私はずっと同じ業界で仕事をしていることもあって、社員時代からのキャリアから積み上げた人脈の上に、フリーになってからの人脈がそのまま乗っています。でも、人によっては転職などをしてフリーになる人もいます。そういう人の場合は、ゼロからまた自分の仕事に必要な人脈を積み上げていかなければなりません。

といっても、それまでの人脈が全く意味のないものになる、ということはないと思います。ＯＬがフリーで何かのインストラクターになったとしても、前の会社の同僚に「誰か興味ある人がいたら紹介してね」と言うことは可能ですし、意外とそういう口コミやつてにいい鉱脈があったりするものです。

新たに人脈を作ろうとする場合、異業種交流会に参加するという手もあります。

私はほとんど行ったことがないですが、私の数少ない経験からいくと名刺交換をして終わり、という印象が強いです。そして、その名刺交換が直接仕事につながることはほとんどないような気がします。

なぜなら、そこで出会う人は、全くの「たまたまそこにいた人」たちだからです。無作為に集まった人たちなので、たまたま業界が同じ人と会っても、作っている本のジャンルが全然違ったりして、正直、あまり仕事につながらないことが多いのです。

ただ、それも業界によると思います。たとえば何かの勉強会で席が隣合った人同士がうまく合ってそこから仕事が生まれたとか、同じ職業の人同士の集まりで、そこから仕事につながった、という話は聞きます。

きちんと目的を持った異業種交流会や同業同士の勉強会なら、そこから新しい人脈が発生する可能性は多々あると思います。

確かに、今自分が持っている人脈を元に、知り合いから知り合いへとつなげていく人脈作りは、ある意味で安全で確実です。でも、**それには限界があります**。

お友達を増やすならそれでいいと思いますが、これは仕事です。そのためには、思い切って今日会ったばかりの人に「今度売り込みをしてもいいですか?」と切り出すことや、全く知らない人に会いに行くことを、億劫に思っていてはいけません。

「仕事」と割り切って、「億劫だな」と思っても、ぜひ人脈作りにつながる行動をしてみてください。何も行動を起こさず人と会わずにいては、仕事が増えることはありません。

売り込みに行くときの具体策

「売り込み」に行くときに持ち物として必須なのは、

・プロフィール

・企画書

です。

基本的に、売り込みとは仕事を獲得しに行くためのものです。「営業」には**「自分自身」を売り込みに行く営業**と**「企画」を持ち込む営業**の2種類の営業があります。

売り込みに行くのは「自分自身」なのか、それとも「企画」なのか、それによって持って行くものの「主従関係」が変わってきます。

・**「自分自身」を売り込みに行く場合**……自分のプロフィールが「主」で、企画書は「従」。

・**具体的な「企画」がある場合**……企画書が「主」で、自分のプロフィールは「従」。

プロフィールの書き方

プロフィールがないと、あなたがどこで何をしてきて、今何をしているのかがわかりません。

プロフィールについては、私は、履歴書と職務経歴書を合わせたようなものを自分で作っています。1ページ目に自分の学歴、仕事の得意分野、職歴などを記し、2ページ目にはフリーになってからの仕事リストを記し、全部でA4用紙2枚程度のボリュームにまとめてあります（52～53ページに私のプロフィールの一部を載せています）。

私はワードで基本形を作っていますが、業界によっては、市販の履歴書でいい場合もあるでしょうし、文字だけでなくて図式化したものなどでもいいと思います。

2ページ目のフリーになってからの「仕事リスト」部分については3カ月に一度くらいアップデートをして最新の仕事を追加し、古いものを落としています。

さらに毎回、売り込み先に合わせて内容を変更してからプリントアウトして持って行っています。

■最近の主な仕事実績
〈雑誌〉
『ESSE』（扶桑社）、『週刊女性』（主婦と生活社）、
『InRed』（宝島社）、『ビズマム』（ベネッセコーポレーション）、
『別冊日経 WOMAN』（日本経済新聞社）　　　ほか
〈書籍・ムック〉
『DVD BOOK 黒田啓蔵 よみがえりメイク』（黒田啓蔵／主婦と生活社）2008
『顔筋整骨セルフビューティ』（村木宏衣／主婦と生活社）2010
『スリランカ～やすらぎの島で優雅に過ごす』（ダイヤモンド社）2011
『美女の血液型 BOOK』（エリカ・アンギャル／主婦と生活社）2011
『親が伸ばす子どもの就活力』（小島貴子／同文舘出版）2011
『赤ちゃん育児』（西東社）2011
『美人』（島崎和歌子／主婦と生活社）2012
『生大根ダイエット』（蓮水カノン／メディアファクトリー）2012
『新大久保の母　幸せへ導く巫堂の教え』（妙月／主婦と生活社）2012
『ラブかわ♥ヘアアレンジ』（ガールズ向上委員会／西東社）2012
『ハワイ　ワンプレートダイエット』（テリー・シンタニ／メディアファクトリー）2012
『美人になる栄養学』（浅尾貴子／メディアファクトリー）2012
『こどもの才能の伸ばし方』（藤家さっこ／メディアファクトリー）2012
『ＮＨＫテストの花道　合格ノート術』（主婦と生活社）2013
『EXILE KEIJI「ムッシュ！」レシピ 50』（「ムッシュ！」制作委員会／主婦と生活社）2013
『ある日突然美しくなる 3 ステップ見た目レッスン』（おかざきなな／メディアファクトリー）2013　　ほか

以上、よろしくお願いします。

＊＊＊＊＊＊＊ editor & writer　長谷川華 ＊＊＊＊＊＊＊
住所　〒XXX－XXXX　東京都○○市△△町 X-XX-X
電話＆電信　03-XXXX-XXXX
携帯電話　090- XXXX-XXXX
電子メール　xxxxx@xxxxx.ne.jp
＊＊＊＊＊＊＊＊＊＊＊＊＊＊＊＊＊＊＊＊＊＊＊＊＊＊＊＊＊＊

プロフィール（例）

editor & writer

長谷川華

■プロフィール

- キャリアは出版社社員として 7 年、フリーになって今年で 12 年目の計 19 年。
- 早稲田大学第一文学部卒業。
- 1995 年、主婦の友社に入社。『éf』編集部に 3 年、『赤ちゃんグッズパラダイス』という赤ちゃんグッズの通販雑誌の編集部に 1 年半、『わたしの赤ちゃん』（今の『Baby-mo』の前身）編集部に 2 年半在籍後の 2002 年に円満退社。
- インドの「マザーテレサ」の施設でのボランティア、ネパールでのエベレストトレッキングなどを含めたアジアへの海外放浪中に妊娠。出産、離婚を経て現在に。家族は娘（9 才）と 2 人暮らし。

■仕事実績

主婦の友社を退社後は、フリーの編集＆ライターとして仕事をしています。記事は企画出しから構成案＆台割り作成、スタッフ決め、アポ取り、取材、原稿書き、校正、校了とトータルで受けることが多いです。

■得意分野

○女性の「こころ」と「からだ」
○美容、ファッション、雑貨
○妊娠・出産・子育て
○人のインタビュー、ルポもの
○旅もの

たとえば旅雑誌に売り込みに行く場合、２ページ目には、旅関係の仕事を多めに書き入れたり、旅関係の仕事の部分にアンダーラインを入れて目立たせたり、料理雑誌に売り込みに行くなら、料理関係の本の仕事を多めに書き入れる、といったことです。

ただ、ボリュームは常に**Ａ４用紙２枚におさまるように**心がけています。それでも結構なボリュームですが、それ以上のボリュームになると確実に読んでもらえないからです。

往々にして相手は忙しいし、面と向かって売り込みをしてもプロフィールはざっとしか見ていません。ですから売り込むときには、プロフィールに書いてあることでも、強調したいことは口頭でしっかり伝えないと相手に伝わりにくい、と心得ましょう。

プロフィールの活用方法

営業のときに持って行くプロフィールは、先に述べたように売り込みに行くときに必須アイテムなのはもちろんのこと、それ以外の場合でも、自分がどういう人なのか売り込むときに便利なアイテムとなります。

たとえば仕事で知り合った人がいて、その人が私を気に入ってくれて「今度別件でお仕事お願いしてもいい？」となったときや、新しく知り合った人に、こちらからちょっと売り込みをしたい！　といったときに、メールで送るなどして活用しています。

こういうときも、会った日かその翌日にはこちらからメールを送るようにします。もたもたしていると、相手が「誰だっけ？」「何の話をした人だっけ？」となってしまうので、**相手の記憶が新鮮なうちにこちらからアクションを起こす**ようにします。

話はそれますが、このように自分が仕事をしたい！　と思った人には積極的にアプローチをしましょう。

今はメールがあるので、電話のように相手の都合を考えなくても、メールに「売り込みをしたい。ついてはもしお時間あったら再度会ってほしい」旨を書いてプロフィールを添付して送れば、軽い売り込みにもなるし、改めて会う約束もできてしまいます。

また、誰かがあなたのことを誰かに紹介してくれたとき（詳しくは64ページ）も、その紹介先にメールでこのプロフィールを送れば、話が早く進みます。

□できるだけ作品も持参

私はプロフィールと一緒に、できるだけ自分の作品（本）も持って行くようにしています。売り込み先の相手の担当しているジャンルに近い自分が作った本、それから最近てがけた本で一番売れている本、それから相手の担当しているジャンルに一番遠いジャンルの本の3冊くらいを持って行くようにしています。会う相手によっては、以前仕事をした雑誌の切り抜きをファイルにしたものもあわせて持って行きます。

持参した本は相手にさしあげるようにしています。

そのほうが自分を相手により印象づけるほか、相手により自分のことを知ってもらえるきっかけにもなったり、編集部内で「こんな人が売り込みに来たよ」というときにも活用してもらえると思うからです。

自分の仕事や実績が作品などにならない業界の人は、仕事の成果が紹介されたホームページや記事などを持参してもよいでしょう。

自分の仕事部屋には、自分が作ってきた本を常に各10冊くらいはストックするようにも心がけています。本がなくなりかけたら、一緒に作った編集者に連絡をして出版社から発送してもらっています。もちろん本の代金は私が払いますが、直接出版社から買うと少し割引サービスがありますし、そういう注文の連絡もご無沙汰している編集者には、私からの挨拶代わりになります。

そして、先方にとっては本が売れるばかりでなく「一緒に作った本を活用してくれているのね」という印象づけにもなります。

なお、名刺も営業ツールとして重要な役割を果たします。肩書きにこだわったり、写真や似顔絵を入れたり……。業界にもよりますが、ここで自己アピールをするのもいいと思います。

ウェブも上手に活用する

自分の仕事がウェブで引っかかるようにしておけば、そこをたどって仕事がきます。一番手っ取り早いのは、自分のホームページを作ることです。「千葉　ホームページ

1日セミナー」「中小企業診断士　横浜　セミナー」「キャリアカウンセラー　東京　短大　公務員」とか、ホームページで、特に自分の仕事が引っかかるような言葉を入れておくことは大事です。

企画書は説得力が何より大事

プロフィールと一緒に持参する「企画書」については、企画書と一口に言っても、業界や職種によってフォーマットなどが異なると思います。

私は、本の企画のときなどは、数字をできるだけ具体的に提示したり、できるだけ著者となる本人を出版社に連れて行くようにしています。そのほうが本人の言葉で話してもらえるので説得力が出ます。また、状況に応じて複数の企画を持って行くこともあります。

企画書はとにかく「説得力」が大事だと感じています。利益が出る見込みがあるという説得力、そして相手に「この企画ならいけそうだ」「おもしろそうだ」「実現する価値がありそうだ」と思ってもらうことも重要です。

とはいえ、知らない相手のところに自分のプロフィールに加えて、企画も売り込みに行くというのは、普段営業に慣れていない人にとっては、なかなかつらいものがあります。

私でも、あらためて企画の売り込みに行って（それがすでに一緒に仕事をしたことがあるクライアントが相手だったとしても、全く新規の相手だったとしても）、その企画が通る確率は半分くらいです。

フリーになって2～3年くらいたてば、定期的にお仕事をするようになるクライアントができるはずです。企画の売り込みに関しては、あらためて売り込みに行くことも大事ですが、**定期的に仕事をしているクライアントに、世間話のついでに売り込む**というのも手です。

「そういえば、今度こんな企画考えているだけど」「この間こんな人に会って、その人が本を出したいんだって」という風に持ち込むほうが、割とどんとん拍子に話が進むことが多いのです。そのためにも、クライアントは複数いたほうがいいと思います。

売り込みに行くときの服装や態度

以前に友人の編集者が、編集プロダクションが人を探しているというので友人ライターAさんをその編集プロダクションに紹介しました。

あとで友人編集者から聞いたのですが、Ａさんはスウェットのような洋服でその編集プロダクションに売り込みに行ったそうです。しかも会ってくれたのがその編集プロダクションの社長さんだったそうで、「なんでそんな格好？」と社長さんもあきれ気味だったとか……。もちろん、仕事につながることもありませんでした。

職種にもよるとはいえ（クリエイティブな業界だとかなりカジュアルな格好でもＯＫではありますが）、ある程度きちんとした格好をして売り込みに行くのは常識。

いくらスウェットが流行だったとしても、初対面の相手がその格好を見てどう思うかは、ちょっと考えればわかることです。スーツとまではいかなくても、男性ならジャケットとか、女性ならワンピースやブラウスにスカートなど、ある程度**「きちんと感」**のある格好で売り込みに行きましょう。

また、話し方やふるまいにも注意をしたいものです。

「売り込みに来ました」という謙虚な姿勢を見せましょう。また、エラそうにする必要はありませんが、これまでのキャリアに自信を持った態度も必要です。

売り込みも相性や縁だと思うので、無理に自分を大きく見せる必要はありません。できないものはできない、やったことのないことはやったことがない、と言ってしまっていいと思います。
だからといって「やる気」がないのではなくて、「でも、チャンスがあればやってみたいです」という前向きな姿勢を見せることも大事です。

当たり前ですが、

・相手の目を見て、うなずきながら話を聞く
・相手の話には相づちを打つ
・相手の話を途中で遮らない
・相手の話に的確な受け答えをする

ということも会話には重要です。

また、売り込みが終わったあとの、帰り際のちょっとした会話なども大切にしたいことのひとつ。
無理をして気のきいたことを言おうとしなくてもよいので、落ち着いたふるまいをするよう心がけましょう。

そして、**売り込みをしたその日か翌日中には、必ず相手にお礼のメールを送りましょう**。その際に、訪れた会社や相手、相手の仕事の印象などを添えるとぐっと印象が強まります。

また、たとえそのとき仕事につながらなくても、あきらめないことです。何かの縁でまた仕事になるような事柄が発生するかもしれません。

1回だめだったからそれでおしまい、というのではなく、一度会った人には、また別の企画の提案をしてみる、年賀状を出すなど、コンタクトを取り続けておくと、すぐにではなくても、何年後かに仕事になったりすることもあります。

次の仕事につなげるための「継続的な営業」

次は、今仕事を一緒にしている人たちと長く仕事を続けていくための「継続的な営業」について、お話ししましょう。

フリーになりたての頃、私のクライアントは前に社員として勤めていた出版社だけでした。でもそれでも、フリーになってすぐに仕事を発注してくれるクライアントがいてラッキーだったと思います。

私の場合はフリーになってすぐに妊娠したのと、その出版社で最後に在籍していたのが赤ちゃん雑誌の編集部だったことがうまくリンクして、編集部としても私に仕事が頼みやすかったのだと思います。

知り合いの女性ライターで、フリーになる前は週刊誌の編集部に在籍していて、妊娠・結婚を機にフリーになった人がいます。週刊誌という雑誌の特質上、夜の取材や深夜に及ぶ作業にも対応せねばならないのですが、赤ちゃんを抱えた生活では、それに対応することが厳しく、社員時代のコネや経験がなかなか生かせませんでした。

そんな彼女はその後、自分が興味のある新しい分野に売り込みの営業をかけ、今では、その分野のライターとして活躍しています。

人が人を紹介するフリー同士のつながり

私の場合、フリーになって2年目くらいから、社員編集者だった頃に一緒に仕事をしていたライターさんやデザイナーさんが、他の出版社の編集者を紹介してくれ始めました。

あるデザイナーさんは、出版社を定年退職して編集プロダクションを起こした編集者さんが「ライターを探しているから」と紹介してくれましたし、社員時代にお世話になっていたライターさんが「自分の仕事を手伝ってほしい」と言ってくれ、そこからクライアントが広がったこともあります。

フリーになってすぐに私に新しいクライアントを紹介してくれた人は、全員、自分が社員編集者時代にお世話になった人ばかり。そういう人たちが、私がフリーになったと聞いて、仕事先を紹介してくれたり、一緒に仕事をしないかと声をかけてくれる。社員編集者時代には気がつかなかったのですが、フリーの人たちはこうやってつながっているんだな、ということを実感しました。

最初は1人を紹介されるだけだとしても、**そこから先の広がりは大きい**のです。フリーになりたての人は、紹介してくれる人がたとえ1人しかいなかったとしても、そのつながりをまずは大事にしたほうがいいと思います。

知り合いの経営コンサルタントの男性は、フリーになりたての頃はそうしたつてもなく、なかなか仕事がありませんでした。ところが、とある企業に営業に行き、そこから仕事が入り出したら、その企業の担当者の紹介で、他の会社でも2件ほど仕事がとんとん拍子で決まったそうです。

ただ、その最初の1社が決まるまでは独立して1年くらいかかりましたし、その次まではさらに半年かかっていました。でも、最初はたった1人でもいいのです。自分を認めてくれる人がいれば、その人を大事にすることです。

そして、請け負った仕事をきっちりこなすことです。できたらそこに自分らしさとか、プラスアルファの何か（相手を「お、やるな」と思わせる何か）を盛り込めたら、さらにいいと思います。それこそがその人の**「売り」**になるからです。

そしてこの経営コンサルタントの男性のように、1人でも自分の価値を認めてくれた人がいて、その人が外にアナウンスしてくれれば、そこから徐々に仕事の幅が広がっていきます。

私の場合、先に述べたデザイナーさんが紹介してくれた、編集プロダクションを起こした編集者さんがきっかけで、その人が定年まで勤めていた出版社とは現在、ほとんどのフロアで仕事をしています。

人が人を呼んで、最終的にはそんな状態になっていたという感じですが、そうなるのにも10年くらいかかりました。

恩返しも忘れずに

忘れてはならないのは、紹介してくれた人への「恩返し」です。これについては新規の営業のところでも少し述べましたが、新規の営業と違って、継続的な営業の紹介の場合は、そもそも自分の知り合いが知り合いを紹介してくれるということが多いので、新規の営業よりも気軽なやりとりになる場合が多いでしょう。

別に相手も見返りを求めて紹介してくれているわけではないですが、その恩を決して忘れないことは重要です。そして**何かの機会には恩返しをするよう努める**こと。このことは、フリー同士のつながりの中では大事なことです。

恩返しとはつまり、今度はこちらがお仕事をお願いしたり、誰かクライアントを紹介したりする、ということです。

不思議なもので、ある一定の期間の中で、仕事や人を紹介してくれる人が、いつも同じ人、だということがよくあります。つまり、Aさんという人がいつも私に仕事を紹介してくれるのです。

私自身も、人や仕事を紹介する相手は大体同じ人が続く、ということがよくあります。

これって、人同士の中での「縁」だと思います。

でも、それも半年とか1年といった短いスパンでのこと。数年後はそれが逆転するかもしれないし、「情けは人のためならず」ではないですが、こういった縁は人のためであって自分のためではないけれど、そういう気持ちを忘れずにいると、いつか自分にも返ってくる、そういうものだと私は思っています。

人づてでわかる自分の評判

私の知らないところで誰かと誰かが私のことを噂していたり、誰かが誰かに私のことを紹介していることもあります。

もちろん、アドレスなど連絡先を教える場合には私に確認の連絡が入りますが、でもそれは「ライターを探している人がいたから長谷川さんを紹介したよ」という話になっているものです。

当然、とてもうれしいことですし、フリーがクライアントを増やすためにはこういうつながりが本当に大事です。誰かに私のことを紹介してくれた人は、私の仕事ぶりを認めてくれたということだし、さらに、「ライターを探している人」と話をしていたときに私のことを思い出してくれたということでもあります。

これは、私の代わりにその人が営業をしてくれたことにもなります。**きちんと評価されるような仕事をしていれば、自分が営業をしなくても営業してくれる人がいる**、ということです。

また、自分が手がけた仕事が営業をしてくれることもあります。

たとえば私の場合、私が編集をした本が私の「仕事」になるわけですが、それを見て仕事の依頼がくることがあります。カメラマンなら写真、イラストレーターならイラスト、とクリエイティブ系のフリーの人は、自分の作った作品がその人の仕事なので、それを見て、連絡先を探して仕事がくるということはよくある話です。

今、仕事を一緒にしている人への営業

では、「継続的な営業」の中でも、今仕事を一緒にしている人に、続けて仕事を発注してもらうためには何をしたらいいでしょうか？

一番は何と言っても、今その人と一緒に手がけている仕事で、**相手の望む成果に対して120％で返す**ことです。それが何より「次の仕事」につながります。

相手が想像しているクオリティ以上の仕事をすること。私もそれをいつも心がけていますが、こちらも人間です。常に最高のクオリティを持続するのが難しいこともあります。仕事そのものに対して120％のクオリティを心がけつつ、以下のことにも気を遣うと、「継続的な営業」に結びつきます。

まずは**相手の設定した締切より、半日〜1日程度早めに納品する**こと。なぜ半日〜1日

程度かというと、あまり早いと今度は相手にプレッシャーを与えてしまうからです。相手も忙しいスケジュールの中で動いています。相手に逆に「納品された仕事を確認しなくちゃ」と焦る気持ちを発生させては逆効果です。

締切が近くなって「まだかな?」「締切守ってくれるかな?」と相手にやきもきさせずに安心感をもってもらうため、半日から1日程度早めに納品しましょう、というわけです。

またフリーの場合、**相手に気持ち的に負荷や面倒をかけない**こと。それがまず相手に仕事がしやすい、と思ってもらう第一歩でもあります。

発注された仕事をきっちりこなすのは当たり前ですが、それ以上に、気持ちの負荷をかけないよう場面、場面での配慮も必要です。

それは、1通1通のメールでのやりとりや、撮影などの現場、納品のために先方を訪れた際のちょっとしたふるまいなどで示すことができます（詳しくは3章）。

仕事が終わる際の注意点

それから、相手との仕事が終了したときに、**次につながるような提案**をすることも大事です。

私の場合なら、「こんな企画がありますよ」とか、相手の仕事にプラスになりそうなちょっとした情報を伝えるよう心がけます。最近こんなものが流行っているらしい、とか、この間取材した○○さんが今度こんなことをするらしい、とか。それは、相手が常に新しいものやこと、情報を求めているからです。

企画そのものを提案することもあります。その場合、その企画が通れば自分のところに仕事がくることになります。

その他、仕事上のやりとりがすべて終了したら、そのメールの最後に「また何かありましたら、よろしくお願いします」と付け加えるのも必ずしていることです。

また、研修講師の男性は、仕事が終わるまでにできるだけクライアントとコミュニケーションを取っておくことが重要で、仕事が終わる前に次の仕事の仕掛けを9割以上はしておかないと、次の仕事にはつながらない、と言っていました。

彼の場合は、仕事が終わったあとは、できるだけ早く次の案件について具体的に相談をするようにしているそうです。

セラピストをしている女性は、クライアントとは、仕事にならないことでも、困ったことなどをより具体的に相談し合える仲になっておくことも大事、と言っています。

つまり、どれだけ相手とコミュニケーションが取れていたか？　ということも次の仕事を獲得するためには大きいといえます。

私が心がけていることも、コミュニケーションを取っておくことも、いずれも些細なことの積み重ねから起こることではありますが、そういうこまめなアクションが次の仕事につながるのではないでしょうか？

ご無沙汰な人への営業

過去によく仕事を一緒にしていたけど、最近声がかからないな、とか、以前に数回仕事を一緒にしたきりだな、というクライアントへの営業も大事です。

一度仕事をご一緒した人なら、新規で全く知らない人のところへ営業に行くよりも気が楽だったりしませんか？　あまり重く考えず、かつ相手にも重く感じさせないよう、日頃からこういった人にも営業しておくことをおすすめします。

とはいえ、いきなり電話をするというのも気おくれしてしまうので、まずはメールを出してみる、というのがスマートかなと思います。

相手との距離感にもよりますが、年齢が近かったり、仲のいい間柄なら、「元気ですか？　最近どうしてるかなと思ってメールしてみました。最近、ちょっと暇なので、もし何かあれば、ぜひ、よろしくお願いします」といったメールを送るのがよいでしょう。

年上の相手には「最近お会いしていませんが、いかがおすごしですか？　実は最近割と仕事が一段落しまして、お仕事何かないかなと思いまして……」とストレートにメールをしてみてもいいと思います。

また、何か自分の方でお知らせするイベントや事柄などがある場合にはそれと一緒にご挨拶を送るというのも手です。

写真展をする、講演会をする、展示会をする、などなど……。案内を送る、という名目があるので、気軽にたくさんの人に一気に挨拶ができます。ＤＭやメールで送る際には「またお仕事ご一緒したいです！」といったメッセージを付け加えるといいと思います。

□クライアントはそれほど気を遣っていない

クライアントは、こちらが相手を気にしているほど、フリーの人に気を遣っていないものです。私もフリーになってから、自分が社員だった頃はフリーの人たちに対して（意識はしていなかったけれど）失礼な態度を取っていたな、ということを何度も実感しました。

たとえば、小さいお子さんのいるスタッフの自宅に、お子さんが寝そうな時間帯に平気で電話をしたり、締切を連休明けの朝までにと平気で設定したり、ものすごいスケジュールの仕事を発注をしたり……。

もちろん、すべてのクライアントがそうだというわけではありませんが、実はフリーがクライアントに対して気を遣うほど、先方はフリーに気を遣ってないことが多い、ということです。

つまり、やや極端なことを言えば、フリー同士の間では、**クライアントに積極的に自分の存在をアピールした人が勝ち**、というところがあります。ですから、いかに相手に忘れないでいてもらうか、そのために効果的なのが「継続的な営業」というわけです。

いきなりメールもちょっと……という人は、暑中見舞いとか年賀状とかで近況をお知らせするという手もあります。

私は、**年賀状は大事な営業ツール**だと考えています。ですから、毎年の年賀状には、前年に自分が担当した本の集合写真を載せて、その年にお世話になった人にはできるだけ多く年賀状を出しています。

そのタイミングで、メールや電話をしてみるのも効果的です。あとは「近くまで寄ったから」とか同じ会社の別部署に来たときに、その人の部署に顔を出してみることも、私がよくやることです。

割とコミュニケーションが取れている相手なら、夏休みや冬休み、出張などでどこかに行った際のお土産を持っていくというのもありだと思います。

そのとき、不在ならデスクに置いてくれればいいでしょう。ただ、今は会社のセキュリティが厳しいところも多いので、本人不在の場合は、自分が本人のデスクまで行くのは厳しいかもしれません。だったら、受付の人や同じ部署のアルバイトさんに頼むとか、いくらでも方法はあります。

そういうことは、される相手もうれしいものです。私が会社員時代にも、同じようなことをしてくれるフリーの人が何人かいました。

「ちょっと寄ったから」という感じがいいのです。大事なのは、**「いかにも営業に来ました！」**ではなく、**「さりげなさ」**だと思います。

やりたい仕事はあきらめない！

これまでも述べましたが、フリーになったからには、あなたがぜひやってみたい仕事、というのがあると思います。そういう夢が日頃のモチベーションを上げてくれるし、その夢に向かって努力をし続けることがフリーとしてのスキルアップにもつながります。

ここでいうフリーとしてのスキルアップとは、自分の仕事の技術そのものの向上はもちろんですが、**フリーとして仕事をしていく上での交渉術などの技術向上**ということです。

たとえば、○○会社をクライアントに持ちたい、と思っていたとします。でも、つては全くありません。それでも、そう思い続けること、そしてその○○会社の動向を常にチェックしておくこと、○○会社と同じ業種の人と出会うチャンスがあったら○○会社のことを聞いてみること。もっといいのは、○○会社の人と出会ったり紹介してもらえるよう努力すること。

とにかく、黙って待っていても、チャンスは転がり込んできません。やりたい仕事に近づくための努力をしていると、確実にチャンスは近づいてきます。

□チャンスが来たら、逃さない！

そして、チャンスが近づいてきたら、そのチャンスをしっかりつかむことも大事です。

私の場合、とある雑誌で仕事をしたいとずっと思っていましたが、なかなかつてがありませんでした。でも、そこで仕事したいと思い続けて1～2年経った頃、ある日、私が担当した単行本の著者へインタビューをしてほしいとその編集部から仕事がきました。これは「チャンス！」です。

インタビューの仕事が終わったあとに、「一度売り込みをさせてもらってもいいですか？」とその雑誌の編集部の担当者にお願いをして、売り込みをさせてもらいました。その後、めでたくそこから定期的にお仕事をいただけるようになりました。

でも、最初にこの雑誌で仕事をしたい、と思ってからそこに至るまで3年くらいかかりました。日本人は控えめな性格もあって、この「一度売り込みをさせてもらってもいいですか？」という一言がなかなか言い出せない人が多いと思います。

「営業は苦手……」という人の気持ちはわかります。でも、自分がその仕事をしたい！

と思ったら、多少の勇気と厚かましさは必要です。

頼んでみてダメだったらそれでもいいのではないでしょうか？　売り込みの受け手になった担当者との相性もあります。仕事がこなかったら少し経ってからまた別のルートから営業をしたっていいのです。

売り込み自体を断られることは、あまりないと思います。

フリーでも会社員でも、仕事に真面目に取り組んでいる人なら、「いい仕事」をしたいとは誰もが常に思っていることです。ですから、今よりいい仕事をするために新しいスタッフはいつでも大歓迎なはずです。

「今度売り込みをさせてください」「今度一度話を聞いてください」、その一言が言えるか言えないか。それに自分がやりたい仕事ができるかできないか、がかかっているのです。

もちろん言い方にも気をつける必要があります。**「もしよかったら」「もしお時間があったら」といった一言を添えて、にっこりお願いする**ようにします。緊張したり、へりくだるとき、人はどうしても顔がこわばってしまいますが、できるだけ柔らかい表情を心がけましょう。もちろん、この章でご紹介した、売り込み用のプロフィールや企画書の活用、服装についての気遣いも大事なことです。

3 章

円滑に
仕事を進める
コミュニケーション術

フリーこそ
コミュニケーション能力が必要

これまでにも繰り返し述べましたが、フリーにとって何より大事なことは「継続的に仕事がくる」ことです。もちろんそれが自分のやりたい仕事だけでまわっていけば、そんないいことはありません。しかもその仕事が自分の納得のいくギャラで、しかも自分が忙しいと感じない「いいペース」でまわっていくとしたら、かなり理想的です。

そのために、相手（クライアント）との関係で一番大事なことは、相手に**「仕事がしやすい人」**と思ってもらうことです。

よくフリーになったきっかけとして「会社など組織にいると人間関係が面倒だから」「人と話すのが苦手だから」というのを聞きますが、実はこれは大きな勘違いです。

フリーだから人と関わらずに仕事をしていけると思ってはいけません。むしろそれは逆だと思います。

なぜなら、フリーの人こそ、仕事を継続的に続けていくためには、周囲の人とうまくやっていくことが大事だからです。

フリーだからこそ、1人で仕事をすることはできません。必ず仕事をあなたに発注するクライアントが存在します。そして、そこから仕事を受けます。だから最低でもクライアントとは何かしらのコミュニケーションを取る必要があります。

「クライアント」と一言で言っても、組織と仕事をするわけではありません。相手は会社などの組織に属しているかもしれませんが、あなたが直接仕事をする相手は人間です。相手が人間だからこそ、コミュニケーションが必要となってきます。クライアントといい関係を築くことが、仕事獲得の第一歩です。

さらに受ける仕事の内容によってはクライアント以外のスタッフが複数関わることも、もちろんよくあります。

仕事をあなたに発注するクライアント、それから一緒に仕事をしていく他のスタッフ、そういった人たちと円滑な関係が取れないと、仕事はうまくまわりません。

また、仕事によってクライアントも変わるし、毎回一緒に組む人も異なります。初対面の人と仕事の達成というひとつの目標に向かって仕事をしていくわけですから、そこで何より大事になってくるのは、仕事に関わる人たちとうまくやっていく力なのです。

特にクリエイティブな仕事の場合は、お互いの感性のぶつけ合いが仕事だったりします。たとえば、私が身を置いている出版業界だったら、編集者、ライター、カメラマン、デザイナー、イラストレーターなど、それぞれの職業の人たちがそれぞれの立場で「いい仕事」をする。そのことがいい本作りにつながっていきます。

その際、自分の主義主張だけを言っていても仕事にならないし、主張しなければしないで、自分がどうしてその仕事に関わっているのか、その仕事に自分が選ばれた意味もなくなってしまいます（フリーにとって毎回の仕事が自分の実績作りでもあるのですから）。

現場の雰囲気や仕事の状況をうまくつかみながら、ほどよく自分の考えやアイディアを主張し、そこにいるスタッフ全員が納得いくようないいものを作っていくことができる、それがフリーに求められる力です。

いつも同じ人とばかり仕事をしている、しかもその人数も数えるほどしかない、という人は危険です。それではいつまでたっても仕事は増えないどころか、今一緒に仕事をしているそのわずかな人たちが会社を辞めたり、部署を移ったりしたら、その人からの仕事はこなくなるからです。

会社などの組織に属していれば、いつ異動になるかわからないですし、突然辞めたり、女性の場合は妊娠・出産で産休・育休に入ることもあります。

自分に理想的な状態で「継続的に仕事がくる」ためには、「仕事がしやすい」と思ってくれる相手を複数持っていること。これが何より大事です。

そしてそのために必要になってくるのが、仕事相手とのコミュニケーション能力というわけです。

まずは相手とフラットな関係を

では、クライアントとどういい関係を築けばいいのでしょうか？

そこがフリーの悩みどころだったりします。まずは「相手のことを受け入れる」ことが大事ですが、この「受け入れる」が、ある意味「ガマン」となることもあるかもしれません。特にフリーになりたての頃はそう感じることも多いでしょう。

おそらく、言葉は悪いですが、「くだらないプライド」が高い人はフリーには向いていないと思います。


ここで私が言っている「くだらないプライド」とは、相手が自分より年齢が若いとか、業界での経験年数が少ないとか、偏差値の高い大学を出ているとか、そういった相手のプロフィールにふりまわされるということです。

こちらはフリーで、そういったバックグラウンドは関係なく、自分の「職業」だけで立って生きているのです。自分の仕事に自信があれば、相手のことも同じ目で見られるはずではないでしょうか？

年齢とかキャリアとか出身校とかは関係ありません。お互いに「プロ」として対峙すればいいだけだと思います。

誰とでも気持ちよく仕事を

たとえば、自分と同じくらいキャリアの年数があるクライアントAさんがいて、その人とよく仕事をしているとします。Aさんのところに新入社員が入ってきました。そしてAさんが、その新入社員に自分のことを紹介したため、その新入社員から自分に仕事の発注がきました。

こういうことは、よくあることです。こちらとしては喜ばしいことです。Aさんは自分の仕事ぶりを認めてくれているということなのですから。

でも、こういう場合、その新入社員が仕事のやり方を全然わかっていなかったりして、仕事の仕方を教えるのも（時にその新入社員のミスをカバーしたり、小さな失敗をフォローするのも）自分がすることになったりします。私も新入社員の頃は、外部のカメラマンやライターによく仕事を教えてもらったものです。

そこで「何で自分が社員に仕事を教えなくてはならないの？」とか「何でこんな年下のペーペーと仕事をしなくてはならないの？」と思ったり、相手の仕事ぶりにいちいち反応していては仕事になりません。

どんな仕事でもいただいた仕事は気持ちよく、最後まで完遂する。それがプロとしてのフリーの在り方です。

□相手が好きだとか嫌いだとかで仕事をしない

フリーに大事なことのひとつは、人に対してフラットでいることです。人を色眼鏡で見ないことです。

どんなクライアントでもそれは自分にとって仕事を発注してくれる人。だからといってこびたりへつらったりしろ、というのではありません。

まずは仕事相手として自分を選んでくれたことに感謝すること。そして、相手とは仕事相手としてフラットに付き合うこと。そこに好きとか嫌いとかいった個人的な感情はないほうがいいと思います。

もちろん人間同士だから、第一印象の印象がよかったりよくなかったり、さらに仕事をしていく上で生じる感情はいろいろあります。仕事相手として知り合っても、その後にプライベートで仲よくなる場合もあります。

でもとりあえず仕事は仕事。

第一印象でマイナスの印象を感じても、とりあえずその感情には封印をして、仕事を遂行することに集中しましょう。相手に対する個人的な感情を介在させて仕事をしないほうがいいのです。

相手とあなたには共通の仕事を完遂するという共通の目標があります。

個人的な感情のぶつけ合いよりも、まずは仕事を無事終了させるためにはどうしたらいいか？　を考え、それに向かって行動をしましょう。

円滑な仕事の進め方

クライアントと円滑なコミュニケーションを取るためには、メールや電話のやりとり、話し方、スケジュール管理など、いろいろな点に注意して仕事を進めていかなければなりません。

特に初めて仕事をする相手と初めて会うときには、細心の注意をして臨む必要があります。そこでミスをしたら、もう次はないと思ったほうがいいでしょう。

ここでは、仕事をスムーズに進めるための、ちょっとしたコミュニケーションのコツをご紹介していきます。

ほんの小さいことの積み重ねが相手の信頼を得ることにつながり、結果として「継続的な仕事」を得ることにもなるのです。

□ とにかく遅刻は厳禁

初めてのクライアントと会う場合、服装や髪型など見かけに気を使うのはもちろんですが、それ以外に気をつけたいのが、何といっても遅刻をしないこと。初めて会う相手なのに、遅刻すれすれに到着するのは相手に不安を与えてしまいます。

また、早めに着いていると、こちらに心の余裕もできるので、その後の打ち合わせなどにも余裕を持って臨めます。余裕があれば冗談のひとつも出てくるし、打ち合わせ中の雑談の中で、相手との新しい仕事のヒントも生まれるかもしれません。

そのためには事前の準備が重要です。当たり前と言えば当たり前なのですが、待ち合わせの時間や場所などをしっかり確認しておきます。

ビルの名前や階数、最寄の駅からその場所への行き方なども調べておくと安心です。ビルに駅の名前がついていても別の駅のほうが、自分の出発する駅からは近かったりしますし、ビルの中が複雑で、待ち合わせ場所までなかなか到達できない……ということがあります。また、同じビルでも新館と旧館があったりします。

事前にネットなどを使ってよく調べておくこと、そして早めに家を出ることが、遅刻などのトラブル防止になります。

それでも遅刻しそうなときは……

とはいっても私もたまに遅刻してしまうこともあります。

大事な取材や打ち合わせ（特に初回）のときは絶対遅刻をしないように心がけていますが、それでも万が一遅刻しそうになったときには、とにかく相手の勤務先などに電話をし、遅れそうなこととその理由を伝えます。このとき、大事なのは**理由も一緒に伝えること**です。逆の立場のときに、たまに理由を伝えてこない人がいますが、連絡を受ける側としては理由がないのは嫌な気持ちになるものです。

待っている上に、何で待っているのか（相手がどうして遅れているのか）、わからないというのは不安が倍増します。時には嘘でもいいので理由は大事だと思います。

それは遅刻に限らず、すべてのことに言えると思います。納期が遅れそう、ギャラが半分しか払えない、など、どうしてそうなのか？　その理由を相手に説明する責任があると思うのです。

そして、「ごめんなさい」の気持ちを表現することも大事です。「本当にすみません！」「失礼しました」「大変申し訳ありません」など、「ごめんなさい」の気持ちを表わす言葉はたくさんあります。

遅刻などのときも含めて相手に「ごめんなさい」を伝えるときには、そういった言葉を**電話やメールの中に2回は使う**ようにしています。1回だけだと聞き逃されているかもしれないし、自分のしたことに対する「申し訳なさ」を相手に伝えるためには1回の「ごめんなさい」では足りないと思うからです。

人と話していてもそうですよね？　何かを相手に謝るとき、それはプライベートのときでもそうですが、1回「ごめんなさい」と言うだけでは、相手に対する謝罪の気持ちが足りない、と思うのです。私が逆の立場なら「この人本当に反省しているのかな？」と、思ってしまいます。だから繰り返すのです。

話を元に戻すと、遅刻する場合の謝罪の仕方は、ケースバイケースです。

「まずは電話」が基本ですが、家を出る際に、自宅のパソコンから相手に遅刻をする旨と謝罪の言葉をメールして、その後、電車から相手の携帯にショートメールを送ったりすることもあります。

携帯に電話をすることもありますが、午前中の約束の場合は、相手が自宅から電車で移動中ということもあります。相手の生活スタイルを考えて最適な方法を取るようにしましょう。電話をして留守電になった場合には必ずメッセージを入れます。


どうして何回も連絡するかというと、遅刻するのは決まってしまったとしても、せめてそれにより相手をやきもきさせないためです。

相手のパソコンにメールを送ったとしても相手は出先にいて、そのメールを見てないかもしれません。ただでさえ遅れるのに、さらに相手に「一体いつになったら来るのか？」という迷惑な思いをかけないために、連絡は一度では済ませないようにしています。

仕事の進め方については確認を

初めての仕事相手の場合、同じ業界であっても、仕事の進め方についてもしっかり確認をしておくことは大事です。同じ業界同士だったら「暗黙の了解」となっていることは、どこの業界でもあると思います。

でもあえて、**自分はその仕事のどこまで、何をするのか？　確認を取る**のです。

そうすると、この人は仕事のプロセスをわかっている、という自分のアピールにもなるし、仕事に対して「丁寧な姿勢の人だな」という印象を与えると思います。

そして何より、「その作業はそちらがやってくれると思っていた」「いえ、そちらの領域では」というトラブルを回避することにつながります。

そして、打ち合わせをしながら必ずメモを取ること。これも間違いの予防になります。たまにメモを取らずに打ち合わせをする人がいますが、「この人、全部頭の中に入っているのかな？」とこちらが見ているだけでも不安になります。

特にギャランティなど金額のことは、その場でしっかりメモを取っておくこと。あとから「あれ？　いくらだったっけ？」となったときにも、その場で取ったメモがあれば安心です。

本番の日にちや時間を間違えない

仕事をしていく上では納期や締切といったスケジュール以外に、たとえば取材の日程、レコーディングをする日程、研修をする日、イベント開催日といった「本番」ともいえる日があります。

このような絶対にずらせない日時については、相手とのやりとりの中で日時がずれていないか細心の注意が必要です。また、いったん日程が決まったあとで、途中で日時が変更になることもあります。そういうときもトラブルが起こりやすいので要注意です。

ダブルブッキングや勘違いなど絶対あってはなりません。

研修講師の女性で、自分の勘違いによるミスで同じ日にダブルブッキングをしてしまい、何とか片方の日程は調整してもらったものの、調整してもらったほうの研修を無料で行なった、という話を聞いたことがあります。これでは、自分にとってもマイナスになってしまいますよね。

□納期や締切は守って当たり前

社員時代に、同じ編集部の先輩が「この仕事は締切さえなければもっと楽しいのにね」とつぶやいていました。まだ新入社員で右も左もわからなかった私は「そういうものなのかな」ぐらいにしか思っていませんでしたが、今はその意味が本当によくわかります。

どんな仕事にも納期や締切があります。

仕事のクオリティは終わってみないとわからないけれども、誰もが努力次第で守れるものが「締切」です。できたら前倒しで納品するぐらいが望ましいですが、どうしてもできないこともあるでしょう。

発注する側にとっては、相手が「締切を必ず守る」こともひとつの価値だったりします。

ただ、相手が何となくしか締切を設定していない場合（来週中で、とか10日ぐらいまでに、とか相手が言っている場合）には、自分から少し前倒しに締切を設定して相手に伝えておくと、相手の安心感が違います。

「来週中で」と言われたら「来週の金曜日の朝までには」とか、「10日ぐらいまでに」と言われたら「9日中に納品します」といった具合です。

また、曲者なのがこの「○日中」という言葉。「8日中にお願いします」と相手が言った場合、それは「8日の営業時間内」なのか「8日の23時59分まで」なのか、それとも「9日の朝まで」なのか？　それを確認しておく必要があります。

相手が定時に帰る人なら「営業時間内」という可能性もあるし、相手が深夜まで仕事をする人なら「8日の23時59分まで」かもしれないし、もしかしたら「9日の朝まで」でも

OKなのかもしれません。

そして「9日の朝まで」と言った場合も、相手が定時に出社するなら定時までには納品されていなければならないし、相手が朝の遅い人なら9日のお昼までにあればいいのかもしれません。

そう考えると、同じ「8日中」と言われても、「8日の定時まで」と「9日のお昼まで」では24時間とまではいかなくても18時間くらいの差が出てきます。

これは仕事を受けている側としては、かなり大きな違いです。

最初の打ち合わせでここまで確認しておくと、途中で「いつまでなんだろう?」とやきもきせずに済みますし、こちらも仕事の段取りを組みやすくなります。

忘れ物をしない

打ち合わせの際の持ち物で忘れがちなのは、メモするためのノートや手帳、ペンなど。意外とバッグに入れたつもりで入っていなかった！　ということが私も何回かあります。

最初から相手に「ペンを貸してください」では、相手に「この人と仕事をして大丈夫かな?」と思われてしまいますよね。

仕事をスムーズに進めるための電話・メール術

ここからは、さらに円滑に仕事を進めていくための電話やメールでのコミュニケーションの取り方についてお話ししたいと思います。

電話は声のコミュニケーション

メールがこんなに発達している最近だと、仕事の依頼もまずメールでくることも少なくありません。ごくたまにですが、仕事を発注してきたクライアントと、ほとんど話さず仕事が終わってしまうこともあります。ただそれは本当に相手とも気心が知れていて、仕事の内容も連載など、あまり打ち合わせておく事柄がない場合に限ります。

やはり仕事相手と電話で話したことがあるかないかでは、仕事の進め方も変わります。

たとえばメールで何度もやりとりするより、実は電話で話したほうが早かったりするし、そのほうが**誤解を生む割合も低い**と思います。

機械同士のコミュニケーションではないのだから、やはり仕事も声を使って進めるのが基本だと思います。

電話をかけるタイミング

メールと違って電話はかけるタイミングが難しいもの。基本、夕方以降と、お昼休み時は外してかけるのがマナーかなと思っています。

また、かける相手のライフスタイルを考えてかけたりもします。

たとえば、朝が遅い編集者には午前中は電話しない、とか、ママさん編集者には基本15時くらいまでにかける、とか（夕方はお迎えがあるためバタバタしているので）。

基本的に最初は勤務先の固定電話にかけますが、急ぐ場合は携帯電話にかけてしまうこともあります。

かけるときには、いつも自分の声のトーンは一定に、仕事や家で何かがあっても、周囲がどんな状況でも、自分は落ち着いた声で明るく、を心がけています。

それからクライアントからの電話や、取材をお願いした相手への電話は、話し終わっても、自分からは切らないようにしています。たまに相手も同じように切らない場合があって、そういうときは6～7秒待っても相手が切らないようなら、こちらから切ってしまっています。

切るときも「ブチッ」と切らないように、固定電話でも携帯電話でも気持ちをこめて優しく切るようにしています。

電話に出られない場合

電話よりメールでのやりとりが多い昨今、「いつ電話をしたらいいか?」についても、電話をかけるタイミングについてメールで打ち合わせをしてから、ということも少なくありません。

「いつ電話をするか?」ということが決まっているならいいのですが、そうではない場合、相手からの電話に出られないことも多いもの。そういう場合に、すぐこちらから折り返せるときは問題ありませんが、そうではない場合、私は相手のパソコンにメールをしたり、相手の携帯電話にショートメールを使って返信したりします。「いつならこちらから折り返せます」「いつなら電話に出られます」といったことを打って送り返すのです。

ただ難点は、相手の携帯電話がＰＨＳの場合は、ショートメールが送れないことです。その場合にはできるだけ早く、こちらから電話をかけるようにしています。相手が電話に出なくても、こちらから電話をしたという形跡が残るだけでもいいと思います。

メールの返事は24時間以内

私は、仕事相手からきたメールには24時間以内に返す、これを自分の中でのルールにしています。

特に仕事の依頼に関してのメールはもっと早く、できたら半日以内に返すように努めています。**自分がその仕事が受けられないなら、なおさら**です。相手は次を探さなければならない（そういう場合は「誰かいなければ私の友人ライターを紹介できますよ」、とも添えてお返事していますす）からです。

「メールの返信は24時間以内に」ということのルールは、意外と多くの人が心がけていることとではないでしょうか？　ただ金曜日や祝日の前日の午後にきたメールはこの限りではなく、月曜日や休み明けの日の朝までに返せばいい、とも思います。

□メールの返事がこないとき

逆に、こちらから出したメールも相手から24時間以内程度で返事がこないと「あれ？」と思ってしまいますが、そういう場合には2～3日待ってみて、電話を入れたり、「もしかしてメールが届いていないのかも……」と一言添えて再送したりしています。

再送する場合には、こちらから1回目に送ったメールを転送して、それに一言添えて出すのがポイントです。「送った、送っていない」といった余計な誤解やトラブルを生まなくて済みます。

私は24時間以内に返事を出すように心がけてはいますが、相手からの返事にはあまり神経質にならないようにしています。もしかしたら相手がものすごく忙しいのかもしれないし、病気かもしれないし、海外出張中かもしれないからです。

最近多いのは、私が送ったメールが迷惑メールボックスに入ってしまって相手が気がつかない場合。もちろん逆もあります。逆の場合の対策として、私は迷惑メールボックスを2日に1度くらいは確認していますが、相手がそうしているとも限りません。

また今の時代、相手のブログやSNSなどで本人が今何をしているか、どこにいるかがわかったりもします。取材などのお願いをする場合には、その辺を確認してから依頼をしますが、依頼後に返事がこない場合なども、この辺をチェックすると相手の動向がわかることも少なくありません。

メールを送るタイミング

メールを送るタイミングも結構悩んだりします。平日の昼間は全く問題ないのですが、あまりに深夜や早朝にこちらから送るのはどうかな？　と考えてしまうためです。

相手が会社員の場合でも会社のメールアドレス宛てのメールを携帯に飛ばしている人もいますし、相手がフリーの場合は、深夜でも相手が起きていて他の仕事に集中しているところかもしれません。

営業時間内ならそこまで気を遣う必要はないと思いますが、あまりに深夜にメールを出すのは、相手に余計な手間やストレスをかけるのではないかと思うからです。

急ぎの場合は別ですが、特別深夜に出す必要のないメールは、本文だけ書いておいて翌朝に出すようにするといいでしょう。

会話の仕方

話し方には人それぞれの個性があるので一概には言えないことも多いと思いますが、仕事上の会話で必要なのは、以下の点です。

・ハキハキとはっきり話すこと

もごもご話していたのでは、自分がどうしたいのか、相手に伝わりません。

・不明点は疑問として相手に質問できること

これは、自分の中で、どこがわかっていてどこがわかっていないのか、が明確になっていることの証明でもありますし、それを相手と共有することにもなります。

また、打ち合わせなど出席者がたくさんいる中で、質問をするのは勇気がいります。

「もしかして自分だけがわかっていないのでは?」「自分だけバカだと思われたらどうしよ

う……」などと思うからです。

でも、ここは勇気を出して聞くべきだと思います。意外と他の人も同じ疑問を思っているのだけれど、勇気がなくて質問できないだけということも多いからです。こういう疑問は、仕事全体にとってもトラブルのもとになりやすいので注意が必要です。

・できないことはできないと言うこと

たとえば厳しいスケジュールとか1人でこなせない量だとか、クライアントが困っていると、つい安請け合いをして無理な仕事を引き受けがちです。でもよく考えたら、他の仕事も立て込んでいて、とても期日には間に合いそうにもなかったり……。

自分が引き受けてきて誰かに責任を持ってお願いすることができるのならいいですが（その場合にもその旨はクライアントに許諾を取ること）、そうではない場合、安請け合いはしないほうが身のためです。相手を目の前にしても「ちょっとそれは厳しいです」とお断りできる勇気がときには必要です。

仕事にトラブルはつきもの

こちらがいくら気をつけていてもトラブルは起こります。私自身もそうですし、周囲のフリーを見ていてもそうです。これは会社員であっても同じことが言えると思いますが、**フリーにはフリーならではのトラブル**もあります。

私もこの業界に約20年間身を置き、現在、フリーになって12年目です。いつでも仕事相手に対してはフラットな状態で接し、自分自身は「遊ぶように」「気持ちよく」仕事がしたいと心がけていても、時々トラブルが発生します。もちろん日々、トラブルが起こらないように心がけて仕事をしていますが、それでも起こります。

それは、自分のミスが原因だったり、相手からの不可抗力が原因だったり、その原因はいろいろです。トラブルの内容も、仕事のクオリティの問題、納期の問題、ギャラの問題、人間関係の問題、大きさも些細なことから大きなものまでいろいろです。

たとえば、私の場合はあまりに忙しいと、抱えている仕事すべてのすみずみまで配慮が行き届かなかったり、頼まれていたことを忘れてしまったりしてトラブルが起こりがちです。逆に、自分は最大限の努力をしていても相手のミスなどでトラブルが起こったりもします。

トラブルが起こったときは「どうしよう！」「やばい！」と思いますが、私は根が楽天的な性格なので、自分にできるだけのフォローをしたら、あとは「次があれば次で挽回すればいいや」「今回は二度とこのようなトラブルを起こさないための勉強だと思おう」などと前向きに考えて自分を納得させるようにしています。

フォローといってもトラブルの種類によっていろいろあります。

自分が悪い場合には、まずは徹底的に謝り、どうしてそういうことが起こってしまったのかを説明します。そしてこの先どうしたらいいか？　という提案をこちらからもしますが、基本は相手の気の済むようにしてもらいます。それは先方に一緒に謝りに行ったり、ギャラを減らしてもらったり、とさまざまですが、大抵はもう仕事がこない、ということで決着すると思います。

謝るタイミングはとにかく早く。これをメールで済ませようというのはもってのほかです。相手が原因でトラブルになった場合には、できるだけそのトラブルが早く収束するようこちらもお手伝いをするのが、フリーの取るべき行動です。

人間同士の相性もあるとあきらめる

また先に述べたように、仕事は人間対人間で行なうものなので、どうしても相性というものがあると思います。ある人が同じことを言っても、私には気にならないことがAさんにとってはとても気になったり。仕事に対するペースが人によって違うので、それが相手と合っていたり、ずれていたりします。

自分の出したメールへの相手からの返事ひとつ取っても、1日待てる人もいれば、半日以内に返ってこないとイライラする人もいます。

これが相性だと思います。

相性とは人間関係全般にも言えることですが、フリーの場合は**できるだけ誰とでも相性をよくしておく**ことが「継続的に仕事がくる」ためには大事です。

かといってものすごく無理をしろ、と言っているのではありません。一度仕事をすると相手のペースがつかめます。そうするとその人と仕事がしやすくなるのは事実です。

　初回はお互いに相手のやり方を探り合いのところもありますから、そこで相手のペースをつかむ努力をしておけば、次回、仕事がその相手からきたときには、そのペースで進めればいいでしょうし、相手から仕事がきたということは、相手が自分と仕事がまたしたい、と思ってくれたことの証明でもありますから、そこは自信を持ってもいいでしょう。

　そのためにも、先に述べたように相手を「受け入れる」ことがまず大事なのです。そして相手の仕事のやり方やペースをつかむ努力をしましょう。

　相手が何でも自分で抱えないと気が済まないタイプなのか、フリーのスタッフにある程度任せてしまいたいタイプなのか、といったその人の仕事そのもののスタイルもそうですが、午前中から会社に来て定時に帰るタイプなのか？　お昼頃来て夜遅くまで仕事をするタイプなのか？　土日にも仕事をするタイプなのか？　など、ライフスタイルにまで関わってくる仕事のスタイルもつかんでおくと、仕事がしやすくなります。

　それでもどうしても合わない人もいるでしょう。

　でも大抵の場合、そういうときは相手もそう思っていることが多いのです。悲しいかな、そういう相手からは、こちらが黙っていても仕事がこなくなるので心配する必要はないかもしれません。

それでも踏む地雷

フリーになってからしばらく、2年に1度くらいは「地雷」を踏んでいました。

たとえば制作物がかなりの状態までできたのに、その仕事自体が白紙になってしまったり、仕事は完成したのにギャラが未払いだったり、ギャラはそのままの金額なのにさらにありえないほどの量の追加の仕事がきたり……。

2～3回そういった地雷を踏んで気がついたことがあります。

こういったトラブルは**業界の違う人と起こりやすい**、ということです。こちらが相手の業界のルールを知らず、裏を返せば、あちらもこちらのやり方を理解していなかったということが原因となってトラブルが起こるのです。

具体的な例をあげると、ＩＴ系のコンサルタント会社の経営者が、健康商品の通販用のパンフレットを作りたい、と依頼してきたときや、工業用品を作っているメーカーの人が本を作りたい、などと言ってきたときに起こりやすいのです。

つまり、相手がこちらの業界のルールなどがわかっていないために、誤解が起こり、トラブルが起こるのです。これはどの業界でも起こりうることだと思います。

たとえば、あとからわかったことですが、先に述べたIT系のコンサルタント会社の人は、パンフレットの製作業務の進捗を毎日報告してほしかったそうです。そういうことがなかったことが、日増しにこちらもこの製作者側への不信感などにつながっていったのです。もちろん、できるだけこちらもこの仕事の進め方、相手にしてほしいこと、今どこまで進んでいるか、などを事細かく説明しながら仕事をしていたつもりです。でもやはり業界が違うと、仕事の進め方に対する考え方が違っていたりして、うまくいかないことが起きてしまうようです。

業界の違う人たちと仕事をする際には、「これでもか」というくらい細かく制作過程を説明したり、**起こりうるトラブルは、事前に先回りしてガードする**ことが大事です。

フリーになりたての頃は、自分に発注される仕事は何でも受けてしまって、クライアントの状況などに合わせてこちらの出方を調整する塩梅がわからないことが多いので、こういった地雷を踏むことも多いので注意が必要です。

4 章

自分時間を増やす タイムマネジメント

上手にタイムマネジメントをしよう

誰にとっても1日が24時間しかないのは同じことですが、それをどう使うかはその人次第。いかに効率よく時間を使うかによって、自分に与えられた時間を有効に使えるか否かが違ってきます。

職種にもよりますが、**仕事のスピードが収入に直結することも多い**と思うのです。

ある一定の時間にどれだけ仕事を進められるか？

つまり、私の仕事の場合だと、1時間に2ページの原稿を書ける人と1ページしか書けない人では、原稿の進み方が2倍違います。1ページあたりの単価が同じ場合、単純計算をすると1時間で稼げる原稿料が倍違うことになります。

もちろんページによって原稿の分量も違うし、書きやすい原稿と書きにくい原稿があるので、一概には言えませんが、ライターの場合は、ある程度スピーディにクオリティの高い仕事ができることは必要です。これはカメラマンやイラストレーターといった仕事の人にも同じことが言えると思います。

また、仕事そのものの時間が固定されている仕事の場合（講師業やインストラクター業、イベント関連の仕事）でも、いわゆる本番以外の準備をする時間などを効率よくこなすことは重要だと思います。準備の時間に無駄な時間がなければ、本番の時間を増やすことも可能だからです。

いずれの場合にも、上手にタイムマネジメントをする必要があります。

いかに効率よく時間を使うか、特に家事や子育て、介護など仕事以外のことと仕事を両立しなくてはならない人は、時間の使い方がうまい傾向にあると思います。なぜなら自分が仕事にさける時間が限られているからです。

時間が限られていると、できるだけその時間内に効率よくいろいろなことをこなしていこうと工夫をします。効率よくこなすためにその順番を考えるし、その仕事を行なうのが自分でなくていいことはどんどん人に振ったり、複数のことを同時進行で進めたりします。そういった工夫もタイムマネジメントにつながります。

すべての仕事を見渡すリストを作る

私は、無駄のない時間管理のために最も大事なことは「早め早め」の管理だと思っています。

そのために仕事リストを作ったり、手帳を使ったりして管理をしています。

この仕事リストとは、私の手作りの表なのですが、そこには今まさに進んでいる仕事から、企画段階のものまですべてがリスト化されています。

それを月に1～2度、新しく書き直すことでアップデートしています。いわゆる細かいタスク管理というよりは、今自分が抱えている仕事（書籍1冊、雑誌の企画1本といった単位で仕事を数えています）がどれぐらいあるかを把握するためのものです。

私は基本的にアナログな人間なので、A4の紙に表のフォーマットだけを書いたものを何枚もコピーしておき、そこに手書きで仕事名（書籍の名前や雑誌での企画の名前）とその仕事の進行状況を書き入れています。

これは手を動かしたほうが、現在進行形の仕事、終わった仕事、新規で入ってきた仕事

料金受取人払郵便

神田支店
承認
8188

差出有効期間
平成26年8月
31日まで

郵便はがき

101-8796

511

（受取人）
東京都千代田区
神田神保町1－41

同文舘出版株式会社
愛読者係行

毎度ご愛読をいただき厚く御礼申し上げます。お客様より収集させていただいた個人情報は、出版企画の参考にさせていただきます。厳重に管理し、お客様の承諾を得た範囲を超えて使用いたしません。

図書目録希望　　有　　無

フリガナ お名前		性別 男・女	年齢 才
ご住所	〒 TEL（　　）　　Eメール		
ご職業	1.会社員　2.団体職員　3.公務員　4.自営　5.自由業　6.教師　7.学生　8.主婦　9.その他（　　）		
勤務先分類	1.建設　2.製造　3.小売　4.銀行・各種金融　5.証券　6.保険　7.不動産　8.運輸・倉庫　9.情報・通信　10.サービス　11.官公庁　12.農林水産　13.その他（　　）		
職種	1.労務　2.人事　3.庶務　4.秘書　5.経理　6.調査　7.企画　8.技術　9.生産管理　10.製造　11.宣伝　12.営業販売　13.その他（　　）		

愛読者カード

書名

◆ お買上げいただいた日　　　　年　　月　　日頃
◆ お買上げいただいた書店名　（　　　　　　　）
◆ よく読まれる新聞・雑誌　（　　　　　　　）
◆ 本書をなにでお知りになりましたか。
1．新聞・雑誌の広告・書評で　（紙・誌名　　　　　　）
2．書店で見て　3．会社・学校のテキスト　4．人のすすめで
5．図書目録を見て　6．その他（　　　　　　）

◆ 本書に対するご意見

◆ ご感想

●内容	良い	普通	不満	その他（　　）
●価格	安い	普通	高い	その他（　　）
●装丁	良い	普通	悪い	その他（　　）

◆ どんなテーマの出版をご希望ですか

<書籍のご注文について>
直接小社にご注文の方はお電話にてお申し込みください。宅急便の代金着払いにて発送いたします。書籍代金が、税込1,500円以上の場合は書籍代と送料210円、税込1,500円未満の場合はさらに手数料300円をあわせて商品到着時に宅配業者へお支払いください。
同文舘出版　営業部　TEL：03－3294－1801

全体を見渡すための仕事リスト（例）

WORK SHEET

キャリア本	6/24 ～
マッサージ本	6/19 原稿アップ
和田さん本	7月撮影
鈴木さん本	8月撮影
禅本	アポ入れ
ダイエット本	6/20 打ち合わせ
フレンチ本	
老後企画	金子さんにTEL
シングルママ本	リサーチ
○○社　連載	7月上旬原稿アップ
オリーブオイルムック	DVD コラム
企画中	・田中さん ・ひろみさん ・子育て ・サルサ ・エジプト ・ノート術
セミナーなど	・ライター講座 ・フリー講座

を実感できるからです。たとえば、3カ月かかった仕事は、この仕事リストに3〜6回仕事名を書き入れることになります。そうすることでひとつひとつの仕事の進行状況について自分に対してしっかり意識づけができることになっていると感じています。

予定外の急ぎの仕事が入ってきたときなどもそうです。

この仕事リストの表を見ることで全体を見渡して、自分がやるべきことを確認します。どうしても自分1人で抱えきれないときには、別のライターなどにヘルプを頼みます（詳しくは135ページ）が、それについても誰にどこの部分をお願いするか、などをこの仕事リストを見ながら時間軸を中心にして考えます。

時間軸を中心にするのは、**すべての仕事には締切があるから**です。どの仕事のどの作業から進めていけばすべての仕事がスムーズに進んでいくか、それを知るための仕事リストだともいえます。

この仕事リストを書き換えるのに要する時間は、30分もかかりませんが、この全体を見渡す作業は、私にとってとても大事なものです。

また、年間の予定はなかなか立てにくいものですが、書籍の仕事などは3カ月とか半年

年間の目標と予定一覧（例）

★2012年の反省
・頑張った！（12冊）
・けっこう人に触れた
・仕事関連の本や雑誌が片づけられなかった……
・やっぱり買い物してしまった＆お小遣い制・貯金も厳しかった

★2013年の目標　がしがしいくぜ！
・たゆまぬ営業＆結果の出る本作りで余裕のある予定作り
＝とにかくタイムマネジメントをもっと上手に行なう
・●仕事した本や雑誌を片づける
・余計なものは買わない（計画的に）
・貯金300万円（プレ保険スタート）
・娘と海外旅行（冬？）
・●写真整理（今年こそ！）

★月別の目標

1月	①キャリア本　~~②ノート術~~
2月	③斉木さん本　●仕事した本や雑誌の片づけ　●写真整理
3月	○確定申告　④ダイエット企画始動　☆娘春休み　⑤タマコさん本始動
4月	○海外　⑤佳境　~~⑥禅本始動？~~
5月	⑥佳境　⑦和田さん本始動
6月	ちょっと一休みしたい　⑦佳境くらい？
7月	☆娘夏休み　⑦佳境　⑧シングルママ本始動
8月	☆自分夏休み　⑧佳境　⑨フレンチ本始動
9月	⑨佳境　~~⑩鈴木さん本始動~~
10月	~~⑩佳境~~　⑪前本さん本始動
11月	⑪佳境　⑫老後企画始動
12月	⑫佳境

①キャリア本
②ノート術
③斉木さん本
④ダイエット企画
⑤タマコさん本
⑥禅本
⑦和田さん本
⑧シングルママ本
⑨フレンチ本
⑩鈴木さん本
⑪前本さん本
⑫老後企画

前から決まっていたりするので、年間の予定も簡単な表を作って管理しています。

1年の初めに、その年の目標（これは仕事からプライベートのことまで）とともにA4 1枚の紙にまとめてデスクのそばに貼っています。予定が入ったら書き足すなどして常に最新の状況にしておき、たまに見返します。

□ 手帳でスケジュール管理を

大まかな仕事の管理は先の仕事リストで管理をして、日々のスケジュール管理は主に手帳で行なっています。

仕事柄、取材など相手の都合でどうにもならないこともありますが、そうではない場合、仕事の締切など、先に決まっている仕事の予定に合わせて、**あらかじめこの日は終日外に打ち合わせに行く日、この日は原稿を書く日、などとできるだけ決めてしまう**ようにしています。

さらに打ち合わせなど外に出かける日も、できるだけ同じ日にいくつかの用事をまとめるようにできると時間の効率よく仕事が進みます。

週5日のうち3日は自宅作業日、2日は外で打ち合わせや取材、というのを目標にしていますが、なかなかその通りにいく週はないのが現実です。

ただ打ち合わせの日時を決める際には、**できるだけこちらから先に相手に「○日と○日はどうですか?」と提案するようにする**と、相手に嫌な印象を与えずに自分のスケジュール管理をしやすくなります。

さらにスケジュール管理には、仕事のこと以外に、プライベートとの調整もあります。習い事や趣味、旅行、家族との予定、行事などあらかじめ決まっている予定は1年の初めに手帳に書き入れておくといいと思います。

私も、年度の初めに子どもの学校から年間行事予定表をもらったら、すぐに手帳に全部その予定を書き入れておきます。そうしておけば、仕事と行事が重なった!　ということも避けられます。

また夏休みや年末など長期の休みのときなども2、3カ月前から「この期間は絶対に休む」と決めてスケジュールを組んでいかないと、なかなか休めないので、そのためにも「早め早め」の管理は大切になってきます。

手帳の書き方は、一目で予定がわかるように、工夫しています。

一目でわかる手帳管理（例）

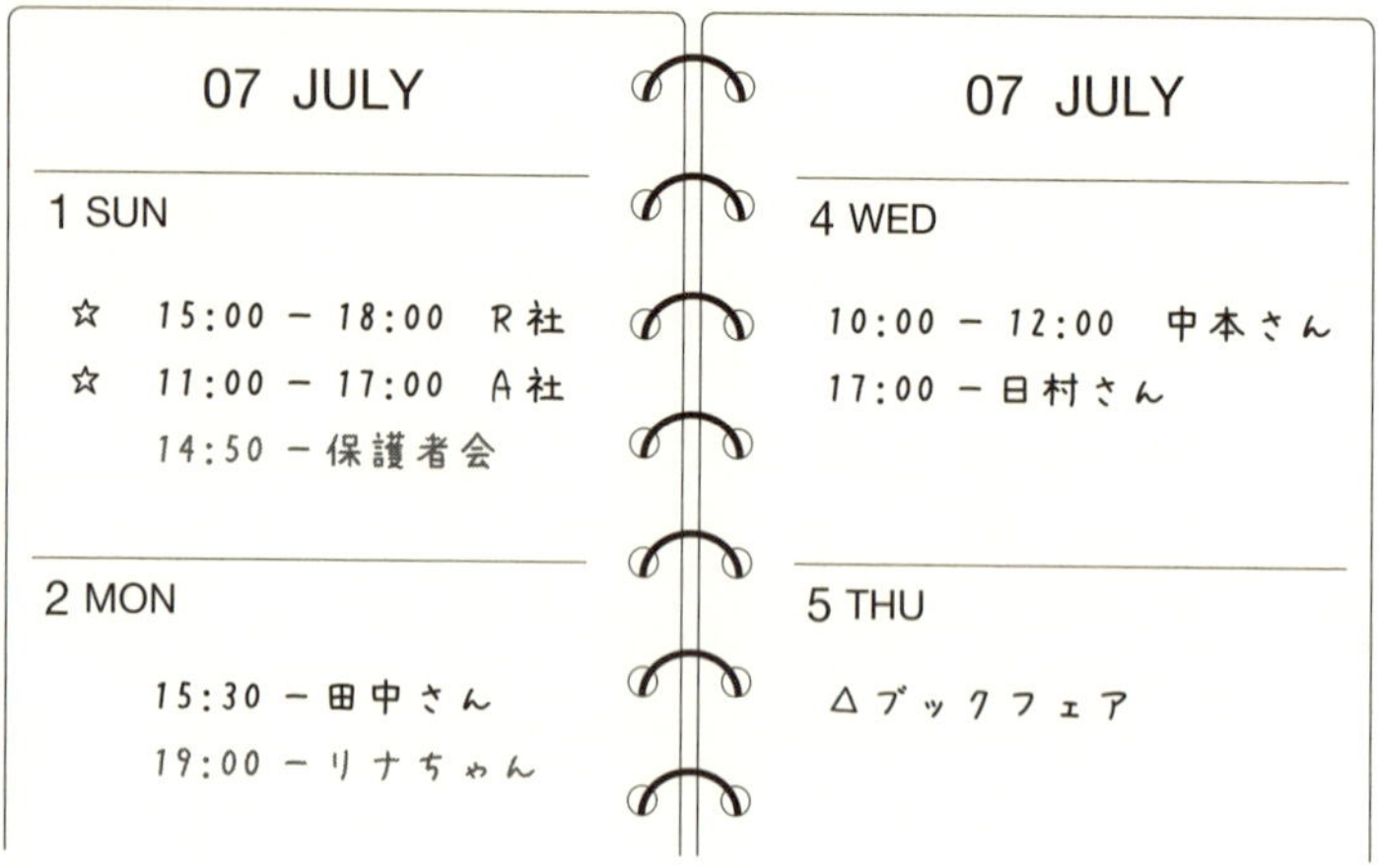

私は手書きが好きなので、手帳も紙の手帳を使ってペンで記入しています。

見開きで1週間タイプのものを使い、手帳に使うペンの色を、仕事↓黒、子どものこと（学校の行事や習い事など）↓緑、自分のプライベートなこと↓青、と色分けをしています。

さらに新製品の発表会など、行けるかどうかわからないけれど、招待状や案内をいただいているものは頭に☆をつけたり、文字を小さめにして書き入れておいたり、取材の候補日などは予定の頭に△を書いておくなど、書き入れている予定がどういうジャンルの予定なのかがパッと見てわかるようにしてあります。

手帳は、1カ月単位だと、どうしても1

日あたりのスペースが小さくて書きにくいので、私は見開きで1週間単位のものにしています。

こういったことはその人の仕事の内容にもよるし、同じ人でもライフスタイルが変わると手帳の使い方も変わるので何とも言えませんが、いろいろ試して自分が使いやすいものを選ぶのがいいと思います。

私は紙の手帳派ですが、グーグルのカレンダーを使ったり、スマホのアプリを使ったり、今の時代、いろいろなタイプがあると思います。手帳を仕事とプライベートと2つに分けている人や、スマホと手帳の両方を使っている人もいますよね。

□休みの取り方

世間的な休みといえば土曜日と日曜日です。

でもフリーは土曜も日曜も仕事、ということも少なくありません。私もそうです。

それは、土日はクライアントは大抵休みなので、その間に事務処理をしたり、遅れ気味の仕事の遅れを取り戻す必要があるので、フリーは土日に働くことが多くなるというわけです。

これはクライアントを責めているわけではなく、往々にしてフリーの人の仕事の仕方はそうなってしまうということです。

ただその分、ぽっかり平日が空いて、映画を見に行ったり買い物をしたり、ちょっとのんびりできる時間があるのもフリーのいいところかもしれません。

いくらやりたいことを仕事にしているとはいえ、休みが全くないと疲れやストレスがたまってくるし、インプット（詳しくは5章）の時間も必要です。

私の場合は別に土日に休めなくてもいいし、毎週休めなくてもいいのですが、2週間に1日くらいは全く何もしない休みの日が必要だと感じています。

でもそれは仕事の忙しさにもよりますし、人によっては週に2日は絶対休まないと身体が持たない、という人もいることでしょう。土日は休めなくても1週間に半日程度自由に使える時間があればそれでいいという人もいると思います。

その感覚は人それぞれなので、**自分が壊れてしまわないペース、自分がいい感じだと思えるペースを自分でつかんでおく**ことが大事です。

自分なりのペースを知ってうまくバランスを取ることが、フリーとして身体を壊さずに長く仕事を続けることにも通じてきます。フリーは自分の健康管理は自分でやらないと誰も管理してくれないからです（詳しくは152ページ）。

どうしても無理が必要なとき

とはいえ、フリーの仕事の中でも締切がある仕事の場合、どうしても無理をしがち。私も睡眠時間を削ったり栄養ドリンク剤を飲んだりして何とか締切を守ります。さすがにここ3年くらいは、徹夜はしないように気をつけていますが……。35才を過ぎると一睡もしない徹夜を1回すると、その後、身体が完全に回復するまで2日かかったりするので、ダメージが大きいのです。ですから、せめて朝の数時間でも寝るようにしています。

徹夜をしないようにするためにも、まずはスケジュール管理が重要になってきます。今抱えている仕事がスムーズに進むために、朝から夕方までだけを働く時間として完璧なスケジュールを立てたとします。

でも1日でこの本の1章分の原稿を書く予定が、うまく書けなくて2日間かかってしまったり、途中で予定外の急ぎの仕事が入ったり、ということはよく起こることです。

そうすると、どこかでその分を調整しないといけなくなります。そのためにも、1日分の仕事でも1・5～2日分を見ておいたり、さらに急ぎの仕事が入っても、その仕事をこなすことができる程度に**全体のスケジュールに余裕を持たせておく**ようにしましょう。

先に述べたように、「この日は終日原稿を書く日」、「1週間のうちこの半日は予備の時間」などと、あらかじめ予定を決めておくと、多少スケジュールが詰まってしまっても、無理をせずに済むはずです。

私は大体2週間くらい先までの予定の中で、1週間に1日分程度はこの**「予備の日」**を作るようにしておきます。

あらかじめ空いている日にちの、ここと、ここ、というようにペンで囲って「予備の日」にしておくのです。それでも大抵は急ぎの打ち合わせや取材などが入ってしまうのですが、1週間に半日でも予備の時間があると、心の余裕が違いますし、その時間を間に合わなさそうな原稿を書く時間にあてたり、事務作業の時間にあてることができます。

時間管理のためのツール

ここでは、私が実践している、上手な時間管理に便利なツールをいくつかご紹介しましょう。

□TO DO管理はふせんつきメモで

私は近々にやらなければならないことは、ふせんつきメモに箇条書きにしておいて、終わったら線を引いていき、全部終わったらそのメモは捨てるようにしています。

日々の生活で、やらねばならないことは大きく分けると

・仕事でやらねばならないこと
・仕事以外（家庭や個人的なこと）でやらねばならないこと

の2つに分かれます。

ふせんつきメモでTO DO管理（例）

オンとオフは分ける　　　　用件別にする

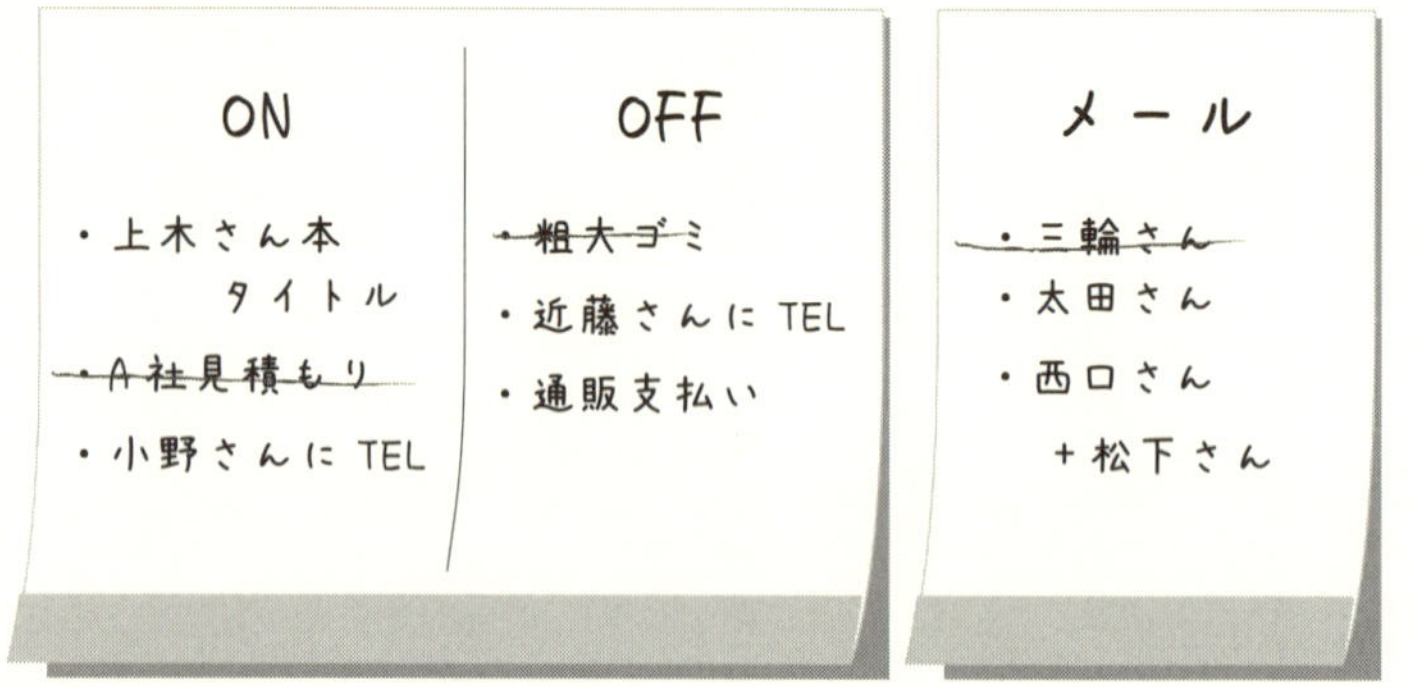

ですから、ふせんつきメモも2枚用意して書き分けるか、1枚のメモの真ん中に縦に線を引いて半分に分けて書き分けたりします。

さらに言えば、仕事でやらねばならないことも、

・メールを出さねばならない人
・請求書や資料など郵送手配をしなくてはならないこと
・原稿を書いたり調べ物をしたり、写真を整理するなど、手を動かさねばならないこと
・銀行に行ったり、消耗品を買い足したり、外でやらねばならないこと

といった作業別のカテゴリーに分かれた

りします。そういう場合にはそれぞれごとにメモを作って管理をしています。

複数の仕事は大きめのスケジュール表で管理

仕事がいくつも重なっているときは、手帳よりも大きな手書きのスケジュール表（A4 1枚で3週間分が書き込めるようになっている手書きのフォーマットをコピーして使っている）に予定を書き込んでいきます。

このスケジュール表は、1日が縦に3つ（午前、午後、夜）のマスに分かれていて、ひとつひとつのマスはスペースに余裕があります。ちなみに1日のスペースは横3×縦4センチメートルのふせんつきメモ1枚くらいの大きさです。

それぞれのマスに「何の本のどこの原稿を書く」「各所にメール」「○○企画のアポ入れ」「○○さんに電話」などと仕事を割り振っていきます。プライベートの予定などは、色を変えて書き込み、その時間帯を同じ色で囲っておきます。色分けは、手帳と同じ色（詳しくは122ページ）にしています。

その予定の通りに100％いくことはなかなかありませんが、これをやっておくと、オンとオフの切り替えがスケジュール帳上でも明確になり、頭の切り替えにも役立ちます。

複数の仕事を効率よく進める３週間スケジュール表（例）

月	火	水	木	金	土	日
			11 ・鈴木本原稿書く ・各所にメール ・企画のアポ入れ	12	13	14
15	16	17	18	19	20	21
22	23	24	25	26	27	28

また、３週間なら３週間の中でどれくらいの時間を、何にあてることができるかがはっきりわかります。

このスケジュール表も、仕事リスト（詳しくは１１７ページ）もそうですが、こういう作業をしておくと、**全体を見渡しながら、細かい仕事を効率よく進めていく**ことができます。このことは、最終的には今抱えている仕事全体を効率的に進めていくことにつながります。

フリーの仕事道具に欠かせないパソコン

今時のフリーの仕事道具といえば、何といってもパソコンです。あとはプリンターやスキャナーなどの複合機が必要な人も多いのではないでしょうか？

それ以外はそれぞれの仕事の内容によると思います。カメラマンならカメラが必要だし、私の仕事でいえば、ボイスレコーダーとかコンテを書くときの紙やペンなどが必要です。セラピストならセラピーに使う道具が必要になることでしょう。また、必要なパソコンのソフトも仕事によって違ってきます。

ここでは、主にパソコンについてお話ししていきます。

□パソコンを外に持ち出して仕事をするとき

自宅以外の場所で仕事をすることが多い人は、外でもネットにつなげる環境の準備もあると便利です。私はスマホのテザリングサービス（携帯電話やスマホを使ってパソコンをインターネットにつなぐサービスのこと）を利用していますが、携帯電話とスマホを分けて持ち、スマホをテザリング用にしている人もいます。その辺は時代にもよるし、人それぞれといえます。

これからどんどんよくなるとは思いますが、現時点（2013年7月）ではスマホは電池の減りが本当に早いです。私は2回充電できるバッテリーを常に持ち歩いているほか、携帯電話の充電器も常に持ち歩いています。

今は「電源カフェ」「コワーキングスペース」「ノマドカフェ」と呼ばれる電源やwi-fiが飛んでいる仕事用有料スペースが都内ならあちこちにあります。私も打ち合わせや取材の合間のすき間時間によく利用しています（マンガ喫茶に行くこともあります）。

余談ですが、意外と家でずっと仕事をするよりも、そういうところで仕事をするほうがはかどったりすることもあります。

外でパソコンで仕事をするときのために、パソコンのAC電源と三口の電源タップも持ち歩いています。電源が1口しか使えないときなどは、自分のこの電源タップでパソコンの電源とスマホの充電機の電源に、電源を振り分けられるので便利です。

パソコン用バッグの中に小さなポーチを入れておいて、そこに常に電源タップ、USBメモリ、イヤホン、予備のペンを入れてあります。家の充電器は別にあるので、これらはいつもパソコンバッグと一緒に入れてあるので安心です。

□ 消耗品は定期的にチェックを

また、夜中になくなって困るものに、プリンターのインクと紙があります。

忙しいとそういう消耗品を買い足す暇がなく、そういうときに限って「ない！」というピンチな事態が起こります。紙なら何とかコンビニで調達可能かもしれませんがプリンターのインクだけはどうにもなりません。

今の時代、わざわざ家電量販店などに行かなくても、ネットでいくらでも消耗品は注文できるし、注文すれば翌日届けてくれる（アマゾンなどは当日に届けてくれるサービスも）くらいスピーディです。あとはいかに自分が、消耗品が足りなくなってきていることに早めに気がつけるか、が問題です。

できたら**半月に1度くらい消耗品のストックを確認する日を設ける**といいでしょう。

それ以外に私が常に切らさないようにしているものに、以下のものがあります。これらのものはコンビニではなかなか手に入れにくいものなので、郵便局や無印良品に行ったときに書い足したり、時間のあるときに気の利いた文房具屋さんやロフトなどで買い足すようにしています。

- **日本郵便のレターパック2種**
- **デザイン性の高い切手**
- **ファックス用紙**
- **一筆箋（季節に応じていろいろなデザインのものを）**
- **クリアファイル**
- **取材用のノート（無印良品の薄いのが5冊パックになっているものが使いやすい）**

もちろんこれ以外に電池やホチキスの芯、セロテープ、クリップといった基本的な文房具も切らさないようにしていますが、それらはフリーだとそんなに極端に減らないし、そういうものこそデザインにこだわらなければ、いざとなればコンビニで入手可能です。

また、自分が日頃使う文房具も、好みのものを見つけたら買うようにしています。気に入ったものに囲まれていると、テンションが上がるので、仕事もはかどる気がします。

仕事の助っ人のネットワークを作る

「仕事はできるだけ効率よく」「自分がやりたい仕事だけを仕事に」と言っていても、どうしても締切が重なって仕事がパンクしそうになることがあります。また数週間後にパンクしそうになるのが予測できることがあります。

そんなときも**早め早めの対策**が大事です。

どうしても1人では無理、というときには、私はライター仲間に助っ人を頼んだりします。もちろん相手も自分の仕事をしているので、そういうときは早めにお願いするように心がけています。

お願いするのは、取材した音声を原稿に起こしてもらったり、音声を聞きながら、中身を簡単な原稿にまとめてもらったり、時には原稿を書いてもらうこともあります。

また、クライアントからせっかく仕事を振ってもらったのに、どうしても自分が動けないということがあります。

私の場合だと取材日にすでに他の予定が入っていたり……。他のフリーの仕事の場合もそういうことは起こると思います。

取材相手が芸能人の場合などは、相手のスケジュールが優先なので、もう取材日を動かせないということは、結構起こることなのです。そういうときは「原稿には私が責任を持ちますから、知り合いのライターさんに取材に行ってもらう形でお引き受けできないですか?」と相談させてもらうこともあります。

また、書籍やムックを1冊まるごと、といったボリュームのある仕事で、しかもスケジュールがタイトなときには「私以外にいつも私の仕事を手伝ってもらっているライターさんにも入ってもらいますが、それでいいですか?」とあらかじめ断りを入れることもあります。相手がそれでNGを出すことはまずありませんが、その際でも、当たり前ですが、ギャラが増えることはありません。

このように代理を立てたり、同業者で仕事を分担する、といった工夫をすれば、**せっかくいただいた仕事を逃すことにもならないし、引き受けることで次の仕事にもつなげることができる**と思います。

私がいつも仕事をお願いしているライターさんたちは、皆付き合いも長くて、「あうん」の呼吸で手伝ってくれる人たちです。

声をかけてもらった仕事は「断らない」のが私のモットーのひとつです。でも引き受けたものの、納期に間に合わなかったり、いい加減な状態で納品してしまってはむしろ逆効果というか、相手にも迷惑をかけてしまいます。そうなってしまっては、元も子もありません。

もちろん助っ人に頼むことで、ギャラの自分の取り分は減ります。でもちゃんとした仕事をすることで次につなげることができれば、そこは別に問題ではないと考えています。

フリー同士は持ちつ持たれつのところもあります。自分が困っているときに助けてくれる同業者は本当にありがたい存在です。

5 章

自分の商品価値を高める習慣

専門分野を深めていく

「あなたの専門分野は?」と聞かれてすっと答えられるフリーの人ってどれだけいるでしょうか? それはカメラマンなら何を撮るのが専門なのか? 人なのか物なのか? 料理なのか? ライターなら何を書くのが専門分野なのか? キャリアカウンセラーといっても得意なのはどういった人を相手にするのか? といったことです。

「あなたの専門分野は?」と聞かれたら、私は「妊娠、出産、子育て、女性のこころとからだ、美容、ダイエット、生き方、キャリア。一般的な女性誌で取り上げるような話題なら何でもできます」と答え、「それ以外に旅や人物のインタビュー、企業のCSRなども得意です」と付け加えるようにしています。

こういう風に**自分の専門分野をキャッチフレーズのようにしっかり言えるようにしておく**ことは大事です。私もこの文言が完成したのはフリーになって5年くらい経ったとき、そして呪文のようにすらすら言えるようになったのはここ3年くらいのことです。

自分が仕事としてやっていることに自信が持てないと、自ら「自分の専門分野は〜」となかなか言えない人も多いようです。でも、そこを思い切って（多少自信がなくても）言えるようにするぐらいでないと、フリーとして長く働き続けていくのは厳しいかもしれません。

「はったり」ではないですが、同じ能力だったら「仕事ができそう」「任せて安心そう」と思わせたほうが勝ちです。自分を相手にどう見せるか、相手にどう見せたいかも含めて、自分の専門分野を言えるようにしておきましょう。フリーになってすぐに、それを堂々と言うのはなかなか難しいことかもしれませんが、最終的には自信を持って言えるようになっていることが必要です。

業界や職種にもよりますが、専門分野はひとつでなくてもいいと思います。むしろ、この時代、フリーでやっていくときにひとつの専門分野だけでは厳しいでしょう。

「旅全般が専門ですが、特にメキシコや中南米が得意です」（ライターの場合）とか、「人材育成が得意ですが、営業支援やキャリア支援もできます」（経営コンサルタントの場合）などと、2、3種類の専門分野を織り込んだ自己紹介ができるようになるといいと思います。

□その仕事ではプロに徹する

たとえばライターで、将来は小説家になりたいという夢があったとしても、受けた仕事には変な色気を出さないこと。受けた仕事をきっちりこなすこと。それがこの「プロに徹する」ということです。

相手が望むものの中で高いクオリティを発揮する、それがプロの仕事です。

たとえばこの場合だと、発注した側が望んでいないのに原稿に文学的要素を盛り込んだり、自分の個性を出そうとして、媒体に合わない文体の原稿を書いたりすることが「変な色気を出す」「プロに徹してない」ということです。もちろん相手が望んでいるのなら大いにやるべきですが、その際には事前にしっかり打ち合わせをしておく必要があります。

そして過去の自分の仕事や作品の中のどのパターンを相手が望んでいるのか、または「こういった風にしたい」という相手のリクエストがわかるものを共有しながら、仕事の目指すべき方向性をしっかり確認しておくことです。そうしないとトラブルや仕事のやり直しなど二度手間になりかねません。自己表現をしたいなら、趣味でやるか芸術家（クリエイティブ系の仕事の場合）を目指すべきだと思います。

自分の仕事をしっかり見直す

相手に自分の商品価値を高く見積もってもらうために、私が心がけていることに「見直し」があります。

それは仕事が終わったときに、自分が最初に書いた原稿と雑誌や本になっている原稿を読み比べてみるのです。特に初めて仕事をする相手との仕事が終わったあとには必ずこれを行なうようにしています。

ライターのように形になる仕事だとこの作業がしやすいですが、そうではない場合にも必ず仕事が終わったあとに相手にフィードバックをもらうといいのではないでしょうか。

講師やインストラクター系の人なら受講生からアンケートをもらうとか、聞きやすい相手ならクライアントに「どうでしたか?」と直接聞くのもありですよね。

仕事が終わったらそこで「終わり」ではなくて、**次につなげるために、その後も見直し**

てみる。そういったささいなことをするかしないかで、次があるかないかが違ってくるのだと思っています。

□ダメだったところを言ってくれる人を大事に

仕事が終わったあとに、いい感想を言ってくれる人は多いものです。でも、ダメだったことを言ってくれる人はあまりいません。なぜなら代わりならいくらでもいるわけで、ダメだったら別な人にお願いすればいいからです。

その中で、たまに「こういう仕事の仕方はよくない」「あなたの原稿のここをもっとこうすればいい」と言ってくれる人がいます。

忙しいことを言い訳にしてはいけませんが、それでも時間がなくて仕事が雑になってしまうことがあります。そういうときに限って何か問題が起こったりするものです。

私の場合も、ある雑誌の編集長と仕事をしていたときにミスをしてしまい、その人から私の担当したページのゲラ（製作途中のページ見本のようなもの）に「これはどういうことなのか。今後はこういうことがないように気をつけたし」というようなメッセージが書き込まれて戻ってきたことがあります。

社員でもないのに、そうやって指摘をしてくれるのは本当にありがたいことです。このゲラは今でも自分への戒めとして、取ってあります。

他の雑誌の編集者からも「あなたの原稿の書き出しがいつも『今いち』なのよね」とかまた別の人から「人の気持ちに触れる原稿はいいのだけど、医学ものは今ひとつだね」と言われたこともあります。

そう言われると悔しいし恥ずかしくなりますが、それをしっかり受け止めるようにしています。ダメならそこを改善するよう次から頑張ればいいだけだ、と思うようにしています。そして、次のチャンスがある場合には努力もしてきました。

こうしたことが**自分のスキルの成長にもつながります**。会社勤めもフリーでも、年齢がいくつになっても仕事をしている限り成長し続けていかないといけないと思うのです。

特に、フリーだと誰かと机を並べているわけでもないし、定期的に評価をしてくれる上司もいません。次の仕事がくるかどうか、が評価のすべてでもあるわけですが、クライアントからのそういった指摘やアドバイスは本当に貴重なものとして受け止めましょう。

インプット&アウトプットでスキルアップ

フリーは自分が「商品」だからこそ、その価値を常に高めていくような努力を自分でしていかないといけません。

特にクリエイティブな仕事をしている人は、自分の中にある「アイディア」や「ひらめき」を吐き出す（＝アウトプット）ことで仕事をしています。それが、その人の「商品価値」でもあります。

ですから、あまりに忙しくなり、アウトプットばかりをしていると、自分の中のクリエイティビティへのエネルギーが下がってくるのがわかります。頭の中に「創造の泉」みたいなものがあったとしたら、その泉がカサカサに乾いてくる感じです。

これは仕事そのものに対する「やる気」とか「モチベーション」とはまた別なもので、クリエイティブな仕事ではない人でも、企画力やプレゼン力などに関係してくることだと思います。

アイディアやひらめきのタンスの引き出しの中身が少なくならないように、**日頃からインプットを心がけることは、フリーにとって大切な習慣**です。

そういったインプット時間を持つことで、自分の中の「創造の泉」が枯れないようにキープしておくことは、自分の仕事に対するコンディションを一定にしておくということでもあります。

クライアント側も、仕事のクオリティに波があるようでは困ってしまいますし、そういう不安定な相手には仕事を発注しなくなります。

つまり、定期的なインプットを心がけ、自分の状態を常に一定にしておくことは、**「あの人の仕事は安定している」という評判にもつながる**のです。

私は、クリエイティビティへのエネルギーが下がってきたなと感じたら、本や雑誌を読んだり、美術館に行ったり、映画や舞台を見るなど仕事から離れるようにして、「アイディア」や「ひらめき」のパワーをチャージするようにしています。

「趣味は仕事」と言えるほど、この仕事が大好きですが、それでもこの「アイディア」や「ひらめき」が枯渇してくるとつらくなってきます。

ただ、インプットに十分な時間を割きたいとは思っているのですが、なかなかそういった時間がゆっくり取れないのも現実です。

ですから、日頃から電車の移動中や寝る前の15分で新聞や雑誌をチェックしたり、近所の雑貨屋さんをのぞいたり、インテリアの素敵なカフェでお茶をしたり、わずかな時間でもいいから、何か「アイディア」や「ひらめき」の栄養になるものを取り込むように心がけています。

また、私にとって、旅行（特に海外旅行）も大きなインプットになります。見知らぬ土地の匂いや道行く人の発する聞き慣れない言葉……。海外に行くとベンチに座って目の前を通る人を見ているだけでも、あっという間に時間が経ってしまいます。

□落ち着いた時間を作って仕事を見直す

外に出ている仕事ばかりが多くて、椅子に座ってじっくり考える時間がないと、目の前にある、今こなさなければいけない仕事に忙殺されてしまうのであまりよくありません。

もちろん、今やらなければならない仕事も大事ですが、それにだけに関わっていると、それらの仕事が終わったときには手元に何もない状態になってしまいます。

仕事場のデスクの椅子でなくても、喫茶店の椅子でもいいので、**1人で座ってじっくり考える時間は、どんなに忙しくても持つ**ようにしたいものです。

そして、仕事リスト（詳しくは117ページ）を書き換えながら最近の仕事を振り返ったり、終わった仕事について反省したり、今進行中の仕事のそれぞれがどこまで進んでいるかを確認したり、新しい仕事のプランを考えたりしましょう。

そうすることで、今自分が抱えている仕事全体を見渡せますし、仕事の優先順位も見えてきます。ただ「急がなくちゃ」と感じている仕事を選んで走り出すよりも、ある程度、他の仕事との優先順位や見通しを立てて進めたほうが、効率的に進めることができます。

このように、今自分が抱えている仕事を確認したり、新しいことを企画したりするためにも、1人でじっくり腰を据えて考える時間を意識して持つことは大事だと思います。

ストレス対策も仕事のうち

「ストレス解消」もフリーは上手に行なう必要があります。

ストレスがたまる原因は、仕事の忙しさに加えて、仕事でミスしてしまったり人間関係が大変だったり、ということではないでしょうか？

基本的に働いた分だけ収入につながるフリーの場合、忙しいのはいいことだとは思いますが、あまりに忙しいのも考えもの。ただ、その忙しさのバランスの取り方が**自分の都合だけではうまくいかないのがフリーの難しいところ**でもあります。

周囲のフリーの人たちも「忙しいときに限って締切が重なるし、そうじゃないときはものすごく暇になったりする」とよく言っています。

理想的なのは、「継続的な仕事」があって、先に述べたようなインプットできる時間も取れて、そこそこ忙しいというスタイルではないでしょうか。

もちろん、その「忙しい」感覚は人によって違うと思いますが、とにかく忙しいことによって、ストレスをためてしまって、最終的に心や身体を壊してしまっては元も子もありません。

フリーは当たり前ですが、組織に属しているわけではないので、健康管理も自分でせねばなりません。その一環としても**うまくストレスとつきあう**必要があります。

自然に出かけて行ったり、スポーツをしたり、お酒を飲んだり「ストレス解消」の仕方は人それぞれだと思いますが、自分なりの解消法を持っておくべきだと思います。自分がストレスでいっぱいいっぱいになってしまう前に、上手にガス抜きをしましょう。

今日と明日頑張ったら明後日の午前中はちょっとのんびりしよう、とか今週末は温泉に行こう、などストレスを解消するための予定を入れたりと、ストレス解消を意識することが大事です。ストレスでいっぱいになってしまうと、その先は体調を崩したり、病気になるだけで、いいことは何もありません。

特に**忙しい期間が終わったあとが要注意**です。忙しいときは気が張っていますが、その忙しさが去ると心身ともにゆるんでしまって、体調を崩したりしがちだからです。

私のストレス解消法はいろいろありますが、皆さんにおすすめなことのひとつが「泣くこと」です。

大人になるとなかなか涙を流す機会がなくなります。でも泣くことは心にとってのカタルシスになります。ドラマでも映画でも舞台でも、何でもいいのでそれを見て泣きましょう。泣くとそのあと、とてもすっきりします。

自分の健康管理はぬかりなく

フリーは何の保証もなく、自分の身体だけが資本です。

身体を壊せば、その間は仕事ができなくなります。そして、その間の保証は誰もしてくれません。収入もゼロです。健康管理がダイレクトに収入にも影響を与えるのです。

時間を作って健康診断に行ったり、ちょっと調子が悪いな？　と思ったら無理をしないことも、長くフリーで仕事をしていくためには必要なことです。

そのためには、やはり**自分の仕事のペースを意識して作る**ことが大事です。

1章や2章で述べた自分のやりたい仕事だけで「継続的に仕事」が続く状態になれば、先方の都合ではなくて、ある程度自分のスケジュールで仕事を動かせるようになります。そうなれば、仕事が重なってもパンク状態に陥らなくて済むはずです。

6章

一番大事なお金のこと

フリーのお金の管理方法

お金の管理、といっても私も大したことはしていないのですが、とりあえず自分の口座にいついくら入金されて、いつ何が引き落とされるかの把握と、毎年の確定申告だけはしています。

よく言われることですが、会社員のお給料というのは税金や社会保険など必要なお金が引かれたあとのお金です。が、フリーの場合は、支払われたギャランティから、税金や国民年金などを支払わなければなりません。

自分の口座にいくらお金が入っていて、次のギャランティの入金がいつで、税金や国民年金、さらには生命保険や公共料金、カードの支払がいつかということもきちんと把握しておかないと、お金が引き落とされなくて困った！　ということになりかねないので、注意が必要です。

先にも述べましたが、ちゃんと入金されているか、定期的に確認しておくことは大事です。担当者が入金の処理を忘れていた、ということはよくあることです。

また、同姓同名の他のフリーの人がいたりすると、そっちに支払われていたりすることも（これは本当にあった話です）。

自分のギャランティは自分で守らないと誰も責任を持ってくれないので、未入金のときはきちんとクライアント、またはクライアントを通してその会社の経理に確認をしてもらうことも重要です。

ギャランティというのは月末や月頭に入金されることが多いので、**月に1〜2度は通帳記入をして、きちんと入金されているか確認する**ようにしましょう。私の場合、社員時代よりも銀行に行く回数が多くなったほどです。

□確定申告は必ず行くこと

確定申告はフリーにとっては、とても大事です。

クライアントからギャランティが支払われる際には、あらかじめこちらが支払うべき税金として10・21％（2013年7月現在）が源泉徴収されて（あらかじめ引かれて）から支払われています。それを、自分の1年間の収入はいくらだったかをきちんと計算することで、いくら税金を払うべきなのかを算出し、あらかじめ源泉徴収分から支払うべき分を引いて、その差額（還付金）を返してもらうという手続きが確定申告なのです。

なお、確定申告は早めに行なうことをおすすめします。

以前、3月14日の締切日に税務署へ行ったら3時間くらい並び、還付金が戻ってくるのにも2〜3カ月かかりました。それで翌年は2月に行ったら、還付金は1カ月かからないうちに返還されました。

税金のことや確定申告の計算方法など、それまで会社員だった人にはちんぷんかんぷんのことも多いと思います。私もそうでした。それで、確定申告の時期にやはり早めに行って、税務署の人にあれこれ質問したら、とても丁寧に教えてくれました。

3月に入ってしまうと税務署も忙しくなると思いますが、確定申告の時期は税務署も確定申告のためのスペースや相談員を配置してスタンバイしています。

わからないことは、2月など少し早めの時期に行って、税務署の人に聞いてしまうと手っ取り早いと思います。

ギャランティの決め方・交渉の仕方

フリーの場合、当たり前ですが、お金のことも全部自分でやらねばなりません。もちろん1人でも法人にしているとか、経費が多いとか、たくさん儲けすぎて管理できないようになったら税理士さんにお願いしてもいいと思いますが、基本的に個人で仕事をしている場合は、1人で管理ができると思います。

そんなお金関係のことで、苦手な人が多いのがギャランティの交渉だと思います。出版業界の場合、ギャランティの金額の話も最初はしないことが多く（最近はそうでもないですが）、事前に契約書を結ぶこともないことが多いので、ギャランティに関する通知や、自分の口座にお金が振り込まれてびっくり！　ということも起こりがちです。

日本人の感覚としてお金の話は「銭ゲバだと思われそう」「お金にうるさい人と思われそう」というのがあるので、なかなかこちらからは言いにくいというのもあります。

何度も仕事をしているクライアントなら、毎回金額の話をしなくても大体の金額がわかると思いますが、気をつけたいのは初めて仕事をするクライアントの場合。

向こうが何も言ってこないときには、**「今回のギャランティっておいくらくらいでしょうか？」と思い切って聞いてみましょう。**面と向かって聞きにくい場合には、初回の打ち合わせのあとに、担当者にメールで聞いてみるのもいいと思います。

金額を聞くのさえドキドキするかもしれませんが、変な話、相手にとってお金を払うのは担当者その人自身ではありません。相手が会社の社長さんならまた話は別になってきますが、大抵の場合、クライアントが所属している会社などが払うのであって、あなたを担当している担当者のお給料から払うわけでもありません。

こちらが気にしているよりも相手は気にしていないと思っていいのです。

□自分の1カ月の生活費から算出してみる

自分の中でのギャランティの金額設定方法ですが、フリーになりたてのときに、先輩ライターに教えてもらったギャランティの見積もりの算出方法があります。

①自分が1カ月生活していくのに、全部（家賃や貯金などもすべて含めて）でいくら必要か？

↓例：50万円

②1カ月に何日働きたいか？　その日数で①を割る＝1日に稼がなければならない金額

↓例：25日間働きたい……50万円÷25日＝2万円

③1日に何時間働きたいか？　その時間数で②を割る＝あなたの時給

↓例：8時間働きたい……2万円÷8時間＝2500円

この方法で時給を決めておけば、仕事で「見積もりを出して」と言われたときにも、非常識な金額（多くても少なくてもという意味で）を提出することもないし、それよりも、自分の金額に自身が持てると思います。

さらにその他の金額設定として、出張の場合は通常のギャラに加えて1日あたり1・5～2万円プラスの出張手当、海外なら1日2～3万円プラスの出張手当が欲しいなど、（現実にはたとえその金額がもらえなかったとしても）自分の中での金額を決めておけば、交渉の際の目安になるし、自分を安売りすることもなくなるでしょう。

また、こちらから金額を交渉したり提示するときには、**キリのいい金額を言う**とうまくいくことが多いようです。

たとえば、雑誌の5ページの仕事で自分としては5ページ×2・5万円＝12・5万円くらいかな？　と思っていても、今回は時間もかかる内容だし、と思えば思い切って15万円、と言ってしまいます。もちろんその際には「いつよりも取材件数も多くて手間がかかっているので」といった理由を添えるようにします。

そうすると相手も「では14万円で」とか「13万円で」とかと、キリのいい金額で返事をしてくることが多いのです。こちらから気持ちちょっと多めに提示すれば、交渉しなかった場合に想定される金額よりも、少し上の金額で落ち着くことが多いと思います。

お金のことは言い出しにくいことではありますが、払われる側にとってはとても重要な問題です。社員時代の私もそうでしたが、払う側にだけいるとその辺の大切さがなかなかわからないものです。

払われる側としては相手の気分を損ねないような言い方で丁寧に、でも自分の意思はきちんと通す（理由をつけて）という姿勢が大事かなと思います。

□相手の提示金額に不満がある場合

提示された金額に不服だった場合、交渉してみることは重要です。ただそこで気をつけたいのは、なぜその金額では不服なのか？　ということをきちんと説明することです。

たとえば、1泊2日の取材込みで4ページのパンフレットの原稿を書く仕事がきたとします。そこで、相手の提示してきた金額が7万円だったとします。

雑誌での仕事の場合、1ページあたりのライティングのギャランティは、出版社にもよりますが1・2万〜2・5万円くらいが相場です。今回は出張もあるし、感覚としては、最低でも10万円は欲しいところ。

では、どうやってそれを説明&交渉すればいいと思いますか？

「私は普段雑誌の場合は1ページあたり2万〜2・5万円で仕事をお引き受けしています。今回は雑誌ではなくパンフレットということもあり、2・5万円×4ページ＝10万円はいただきたいのですが……。

出張費は今回はいただきませんが、もし次回以降もこのようなお仕事をいただけるようでしたら、次回以降は出張費もいただきたいです。こちらについてはまた別途ご相談させてください」

このように、普段どのくらいの金額で仕事をしているのか、**ページ単価や日数など具体的な数字を出したほうが相手の納得感も高くなる**でしょう。

また、こんな計算の仕方もあります。

原稿を書いた際のギャランティを時給（1800円／1時間）でいただく仕事があるとします。その仕事は、原稿を書く時間に払われるギャランティとは別に、出張中などはその時間も時給換算でギャランティが支払われます。

たとえばそこで出張の仕事があって初日は12時間、翌日は10時間、合わせて22時間が出張中に仕事をする時間だったとします。

この場合、時給1800円×22時間として3万9600円です。つまり出張手当が約4万円と考えることもできます。1泊2日で4万円なので、1日2万円と考えてもいいと思います。

ですから、先に出てきた4ページのパンフレットを製作する仕事の場合、必要ならこの時給換算で受けている仕事を引き合いに出して、以下のように先方に交渉するのもありだと思います。

「私は普段雑誌の場合は1ページあたり2万～2・5万円で仕事をお引き受けしています。ですから、

・2万円×4ページ＝8万円の出張手当

・1日2万円×2日分＝4万円

両方を足して合計12万円はいただきたいです。この出張費の金額は、普段私がお仕事している他の出版社での金額を参考にしているものです（必要なら出張に関する時給換算の内訳も説明する）」

どちらにしても大事なのは、金額がキリのいい数字だということと、自分でもこれなら納得できるという金額を提示することです。

あまり先方に「高い」と思われるような金額を提示してしまうと、次がありません。

一方で、あまりに安いと**自分の中で「安い仕事だな」という気持ちが働いてモチベーションも上がらない**ので、いいことがありません。

その辺のバランスを取ることが大事です。そして、相手に金額を提示するときには根拠

をきちんと説明するようにしましょう。そのためには他の会社だといくらか、自分の中での金額設定はいくらか、ということをきちんと知っておく、決めておくことが大事です。

理由があるならきちんと交渉を

以前、私がまるごと1冊、編集もライティングも引き受けた書籍の仕事がありました。本の中でイラストレーターを5人ほどお願いしたのと（もちろんそれはクライアントの意向通り）、1人あたりに描いてもらう量が多かったので、当初予定していたギャランティでは全然5人分を賄えませんでした。

そこで、ギャランティを支払う段階になって、これではイラストレーターに払う分が賄えない、ということをきちんと説明したら、足りない分（40万円くらいでした）を上乗せしてもらえました。

意外と大きな金額アップの交渉でも、相手がその理由に納得してくれれば、捻出してくれたりするものです。

ギャランティ未払いというトラブル

フリーの仕事で避けたいのがギャランティの未払いですが、私にも数度経験があります。

Cさんというフリーの編集者が、とある出版社と業務委託の契約をしており、そこから出す本の編集をCさんが、原稿を私が担当しました。この仕事の場合は、出版社からCさんに支払われたギャラで、私にギャランティが払われる契約だったのですが、結局本が出てもギャランティは支払われず……。

そのうちCさんはその出版社との契約が切れてしまいました。ギャランティが支払われなかった時点で、私からその出版社に内容証明つきの手紙を出したのですが、出版社としては「こちらには関係のないことですから」の1点張り。その後Cさんは、あちこち小さなウェブ制作会社や健康食品の事務所などを点々としており（つまり机を置かせてもらっていた）、そのたびに事務所に（Cさん個人の携帯ではなくわざと事務所に）電話を入れて催促をしていました。

「払います」という一筆を書いてファックスしてもらったこともあります。さらにCさんと一緒に仕事をしているデザイナーに、Cさん行きつけの飲み屋を教えてもらい、そこのママさんにCさんがお店に来たら連絡をください、とお願いしたこともあります。

そういった状態が2〜3年続きましたが、追いかけていても時間の無駄だし、それならその時間で仕事をして、お金を稼いだほうがいいなと思うようになり、やめてしまいました。金額も20万円くらいだったのであきらめがついたというのもあります。

これ以外にも、私の仕事が気に入らなくて途中でその仕事を切られてしまい、ギャランティが未払いになってしまったこともあります。

これはパンフレットの製作の仕事でしたが、切られたのは、パンフレットもほぼ完成した時点でのことでした。そのときは私が編集担当で、ライターもデザイナーも私が知っている人にお願いして作業をしてもらっていたので、私からライターとデザイナーにはギャランティを支払いました。つまり私のギャランティは0円どころか、マイナスという結果に終わったということです。

この仕事は大学時代の友人からの紹介で、その友人も制作スタッフ（営業的な立場）として関わっていたので安心して受けたのですが、最終的に友人にパンフレット制作をお願いした依頼者と友人との関係がうまくいかなくなったことも、仕事が途中で終わったことに関係していました。

3章でも述べましたが、やはり新しく仕事をする人、また業界の違う人と仕事をするときには十分な注意が必要だと強く感じました。

とにかくこうならないためには、**仕事が完了したらすぐに請求書を出したり、相手に「いつ入金になりますか？」と確認しておくことが予防になる**と思います。こちらがそういう姿勢（お金にうるさいと思われない程度にお金をきちんと管理している姿勢）を見せていれば、相手もきちんとした対応をしなくてはと思ってくれるはずです。

幸い、私もここ5〜6年はそういうトラブルに見舞われていません。こういうトラブルに陥らないためには、お金にルーズそうな人と仕事をしないこと、そういう空気を持っている人を見抜く目を自分で持つことです。

フリーになりたての頃は声をかけてもらうだけでうれしい、というのもあって、「どんな仕事もやります！」とこちらが受け身になりがちになるので、こういうトラブルも起こりやすいもの。

それよりも自分のやりたい仕事を、こちらから信頼のおける相手に持ちかけていけば、こういうトラブルにもなりにくいでしょう。

□「儲からない仕事」はどうする？

また、ギャラの未払いとは別の話ですが、全く儲からない仕事というのもあります。本当にボランティア程度の金額しかもらえなかったり、お世話になった人に頼まれて、どうしても安い金額でお手伝いする仕事などがそれにあたります。

でも、実はそこで出会った人から大きな仕事がくることもあるし、あまり気乗りせずお手伝いに行った仕事先で、次の企画になるようなネタを発見することもあります。

ですから、時間や経済面である程度余裕があるのであれば、こういったいわゆる**「儲からない（かもしれない）仕事」をする**というのも無駄ではありません。

こうしたところがフリーのつながり（人だったり仕事だったり）の面白いところでもある、と思っています。もちろん生きていくためにお金を稼ぐことは大事なので、儲からない仕事ばかり請け負っているわけにはいかないのですが、それでもできる範囲であれば「儲からない仕事」もありだと思います。

7 章

こんなときどうする？
フリーの仕事Q＆A

Q1 締切に間に合わなそうなときはどうしたらいい？

A とにかく先まわりをしましょう。

基本的に、締切を過ぎることはあってはならないと心得ておいたほうがいいでしょう。締切を守れなかった場合、その相手から次の仕事はこない、と覚悟してください。特に初めての仕事の場合は、先方が指定した締切より半日程度早めに仕上げるくらいのほうが相手に対する心証もいいし、次につながりやすくなります。

間に合わない、とわかった時点で、まずはクライアントに連絡を入れましょう。そして必ず「いつなら間に合うのか？」ということも添えます。

たとえば、私の仕事の中で雑誌など締切がタイトな場合、クライアントにも2通りのタイプがいます。少しサバを読んで早めの締切をこちらに伝えているタイプと、まったくサバを読まずにギリギリの締切を伝えるタイプです。

ほとんどの人が前者なので、半日～1・5日くらい間に合わない場合は、早めに言えば何とかなることが多いと思います。

とはいっても、とにかく早めに伝えることが大事です。私の仕事の場合、私が上げた原稿を担当編集者（＝クライアント）だけが読むわけではありません。その上司や校正者が読んだりもします。その人たちに迷惑をかけないためにも、早めの連絡が大事なのです。


とはいえ、間に合う予定で作業を進めていたら、やっぱりギリギリになって間に合わない！ ということもあります。途中で別な仕事の緊急な作業が入ってしまった、とか、思ったより原稿に時間がかかってしまった、など……。

ただ、それは言い訳にはなりませんよね。そういう事態も考慮に入れて、早め早めに進めておくことが大事なのですが、私自身もなかなかそれができないタイプです。

それでも数時間程度の遅れなら何とかなると思います。正午までと言われて2時間遅れてしまう、といった場合なら許容範囲かなと思っています。

でも、これもクライアントのライフスタイルによります。たとえば、相手が子育て中で15時までと言われたら、それは間に合わせなければならない重要度が高いと、私は考えます。その人は私が15時に上げた原稿を読んで、夕方には時短の制度を使って会社を出たいのだなとわかるからです。

別に相手にそういう事情があるから原稿のクオリティを上げるとか下げるとかを言っているのではありません。仕事のクオリティではなくて、締切に対する考え方として、相手のライフスタイルを考えることも大事だということです。

また後者の場合は、相手も「本当にこのスケジュールでギリギリなので……」というようなことを言ってくれることが多いので、「あ、本当に切羽詰まっているんだな」とわかるのですが（もちろんこちらも締切を守ります）、過去に一度だけ、それがわからずに、しかも締切を守れなかったことがあります。

18時くらいまでと言われていたのが、どうしてもその日の午前中の取材が終わらず、原稿の完成が22時くらいになりそうでした。もちろんその午前中の取材の前に原稿を上げておけばよかったのですが、半分くらいまでしか終わっていなかったのです。

そこでお昼ぐらいに連絡を入れると「困ります」と言われて（当たり前ですが）、急いで何とか原稿を上げましたが、結局20時くらいまではかかってしまい、二度とその人から仕事がくることはありませんでした。

締切はとにかく守る。これに越したことはありませんが、それ以外の場合には早め早めの対処が何より大事だと言えます。

Q2 フリーということで甘く見られませんか？

A 業界によります。

フリーになって12年目ですが、「フリー」だから甘く見られた経験は一度もありません。ちなみに女性だからといってなめれらたこともありません。

それはもしかして私が鈍感だから？　と思ったりもしてみましたが、やっぱりフリーだからといって、なめられたことはないと思うのです。

ただそれは業界によると思います。私のいる出版業界を含むマスコミ業界は、フリーの人がたくさんいます。おそらく出版社で働いている人の数と同じか、それ以上にフリーの人が関わって成り立っている業界なので（他のマスコミ業界も同様です）、「フリー」だからといってなめられる理由がないのです。

ただ業界によっては、フリーの働き方をしていても、自分の業務形態を会社にする人も結構います。それは、名刺に会社名か、「代表取締役」と肩書きが入っているほうがクライアントに信頼されるからです。

別にどちらがいいとか悪いとかではなくて、自分が仕事をしていくのにそのほうが都合がよければそれで構わないと思います。

Q3　パソコンでトラブルが起こった場合は？

A　動くパソコンでとりいそぎの仕事をしましょう。

私も5年くらい前、夏の暑い日に仕事部屋にパソコンを置いたまま、終日外出して帰宅したら、パソコンがカラカラと変な音を立てている、ということがありました。

あわてて近所のパソコン出張サービスに来てもらい、パソコンを見てもらいましたが、「あと数回立ち上げたらクラッシュします」と言われ、結局、そのまま持って帰ってもらいハードディスクを交換してもらったことがあります。しかし、そのパソコンに入っていた写真などの一部のデータは壊れたまま復活はしませんでしたし、新しいハードディスク代、ハードディスクの交換費用などで結局10万円くらいかかりました。

このときは幸いもう1台あまり使っていない新しいパソコンがあったので、そちらに移行しましたが、パソコンの不具合をギリギリまで放って置くことの怖さを痛感しました。

当たり前ですが、日頃からパソコンがトラブらないようにメンテナンスをしておく、バックアップを取っておくなどの作業は大事です。

友人のフリーの中でも、ある日突然パソコンが動かなくなり、急きょパソコンを買いに行ったという話はちらほら聞きます。

でもそれは、本当は「ある日」ではないのだと思います。

そうならないように日頃からのメンテナンスを怠らないことと、2~3年使ったら、新しいものに買い替えたほうがトラブルを未然に防ぐことにはつながります。

人によるとは思いますが、私にとってパソコンは本当に大事な商売道具です。壊れてしまっては大打撃です。特にパソコンのハードディスクは衝撃に弱いそうなので、できるだけ衝撃だけは与えないように気をつけています。

たとえば、普段パソコンを持ち歩くときにも、パソコン用のウレタンのケースに入れてさらにパソコンバッグに入れています。自転車に乗るときにはパソコンの入ったバッグは自転車のかごに入れずに肩からかけるようにするなど、できるだけ振動を与えないように気をつけています。

Q4 どうしても仕事をしたくないときは？

A 上手に気分転換をしましょう。

この「仕事をしたくない」場合には2パターンあると思います。

今やろうとしている仕事や、やらねばならない仕事にやる気が出ない場合と、仕事全体に対してやる気が出ない、という2パターンです。

今やろうとしている仕事、やらねばならない仕事にやる気が出ない場合には、とりあえず「仕事」に対してやる気が出ないまでやる気が下がっているわけではないので、目の前の仕事は横に置いて、今のやる気レベルでもできる仕事をしてみてはどうでしょうか。

つまりそれは名刺の整理とか請求書の発行とか、日頃やらなければと思っていても放置している仕事です。そして、頭を使わなくてもいい仕事です。

それらの作業をしていると、なんとなく仕事に対しての「やる気」が上がってきて、やらねばならない仕事へのやる気も復活してきたりします。

こういう場合は、頭は仕事モードになっている、でもやる気が出ない、という状態だと思うので、仕事モードな頭の中で少し気分転換をすると再び仕事に取りかかりやすいのではないでしょうか?

それでもダメな場合は、とっとと寝てしまって、翌日早起きするというのも手です(もちろんそれは締切に間に合う、という場合に限っての話ですが)。

後者の場合、つまり仕事全体に対してやる気が出ない場合は、もう少し厄介です。まずは小さな気分転換をおすすめします。フリーの場合は自宅が仕事場の人が多いと思うので、仕事とは関係のない家事を少ししてみる、とか、トイレ掃除や夕ご飯の準備とか自転車の空気を入れる、とかそういったことです。

やる気のなさの程度がそれほど深刻ではない場合には、たまった資料の整理やメールの整理など、ちょっとした仕事関係の整理や片づけでもいいと思います。

それでもダメな場合、私の場合は場所を変えるということをよくやります。近所のファミレスや喫茶店、図書館などに仕事道具一式を持って出かけていきます。外のほうが人の目があるし、あえて仕事道具しか持っていかないので、仕事をするしか選択の余地がありません。

無理やり仕事をする環境を作ることで、自分を仕事しなくてはならない環境に持っていく。これも案外うまくいきます。

どちらにしても、フリーにとって仕事をしないことは、収入に直接影響します。きちんと仕事をやりとげなければ次の仕事はこないわけですし、「やる気が出ない」などと言っているのは、正直甘いとも言えます。

好きで選んだフリーという立場なのだから、あまりにも深刻に「仕事がしたくない」「やる気が出ない」という場合には、選んだ職種自体を考え直したほうがいいかもしれません。

Q5 フリーのための仕事のストレス解消法は？

A 自分の方法を持っておく

一番はストレスをためないように仕事とプライベートのバランスをうまく取ることだと思います。そのバランスがどれぐらいなのかは人によって違いますよね。

たとえば時間で考えると、「仕事：プライベート」の比率が6：4は必要だという人もいるし、9：1でもいいという人もいるでしょう。それはその人の感覚にもよるし、ライフスタイルにもよるし、同じ人であっても年齢によって変わってきます。

これはあくまでも時間の比率ですが、時間の比率が9：1でも、その1を「濃く」過ごせればそれでいいという人もいるはずだし、この「濃さ」も何をもって「濃い」というのか？ その価値観も人それぞれです。

10日間休みなしで働いても半日ゴルフができたら復活、という人もいるでしょうし、週

5日働いたら1日は海でサーフィンをして1日は家でのんびりがベスト、という人もいると思います。

ただ5章でも述べましたが、とにかく心身を壊してしまっては元も子もありません。自分が心地いい状態、「無理をしてないな」と思える状態で生活ができる状態を常にキープしておくことが大事です。

そのためには自分の黄色信号を知っておくこと。忙しすぎると家族に八つ当たりが多くなるとか、睡眠不足が続くと下痢が続くとか、目がけいれんするとか……。

そして、そうならないようにスケジュールを日頃からうまく調整するようにしましょう。フリーだとどうしても1人で抱え込んでしまいがちですが、ギャランティが多少減っても、身体がきつかったら、できる範囲で人に振ってもいいと思います（詳しくは135ページ）。

身体を壊してしまってはギャランティがゼロになるどころかマイナスになる可能性だってあるからです。

とはいえ、仕事が重なったりスケジュールが押したり、どうにもならないときもあると思います。そういうときは必ずその後に休みの日を設定しておくこと。目の前の「人参」ではないですが、大変なことの先にご褒美があると頑張れるものです。

この1カ月は大変だけれど、それが終わったら夏休みを取る、とか、この3日は睡眠なしのつもりで仕事をするけれど4日目には休む、とか。とにかくうまくバランスを取ることが大事です。


私は逆に自分の欲しいものを先に買ってしまって、「これを買ったからこの仕事を頑張ろう！」ということをしたりもします。

これは小説家の塩野七生さんがインタビューの中で大きな作品に取りかかる前には、大きなもの（イタリアのハイブランドのジュエリーなどでしたが）を買う、と言っていたのを真似しているものです（もちろん金額的に塩野さんの足元にも及びませんが……）。

ストレス解消とはちょっと違うかもしれませんが、この方法もストレスをためないで仕事をするひとつの方法かなと思います。


フリーの人は自宅で仕事をする時間も多いと思います。

その際は自宅の仕事スペースを心地いい空間にしておくのもストレス軽減につながりま

す。好きな音楽をかけたり、アロマをたいたり、インテリアにこだわったり、快適な空間で仕事をすれば、はかどり方も違ってきます。

それから自分のストレス解消法を知っておくことも大事です。一番は仕事を忘れて没頭できる何かがいいのかなと思います。

自分が心からリラックスできる時間を持つこと。1人でゆっくりお風呂につかる時間でもいいし、1人で本屋でのんびり過ごすでもいいし、仲間とツーリングでも恋人や家族と過ごす時間でもいいと思います。

こういう時間を持つことは、ストレス解消になるのはもちろんですが、仕事から全く離れる時間を持つことで、また仕事に戻ってきたときに新しい「アイディア」や「ひらめき」が生まれるきっかけにもなると思います。

Q6　万が一に備えて貯金はどれくらい必要ですか？

A　生活費6カ月分の貯金は必要です。

万が一とは、仕事ができなくなったときのことだと思います。

確かに、フリーは仕事ができなくなったらそのまま収入が途絶えてしまいます。誰も保障はしてくれません。ですから、怪我をしたり病気で入院したり、仕事ができなくなったときのために、ある程度の貯金は必要だと思います。

よく言われるのが「生活費は6カ月分のたくわえを」ということです。6カ月とまではいかなくても、3カ月分程度の貯金はあると安心かなと思います。

また、フリーは毎月一定のお金が入ってくるわけではありません。

今月100万円入ってきたとしても来月は0円かもしれません。今月100万円あるから、と全部使ってしまうと来月は大変なことになってしまいます。

1年分の収入の予定を立てるのはなかなか難しいと思いますが、せめて向こう3カ月間の収入を見通して、計画を立てましょう。

たとえば今月50万円、来月0万円、再来月20万円のギャランティが入るとしたら、今月の50万円のうち20万円は貯金に、10万円は今月と来月の生活費に、20万円は今月と来月家賃や公共料金に、再来月の20万円のうち15万円は再来月の生活費と家賃などにまわして、5万円は貯金して……、などと配分を考えておくようにしましょう。


それから生命保険などに入っておくことも大事なことだと思います。

これはフリーに限ったことではありませんが、入院したときなどのために、自分のライフスタイルにあった金額と保障が受けられる保険に入っていると安心です。

Q7 仕事が全くなくなったときはどうすればいいですか？

A そうならないよう日頃からの営業努力が一番ですが……。

私のまわりにもフリーでの仕事がうまくいかなくなって、実家に帰ったり、仕事についている人が沢山います。特に出版業界は不況のため、本当にこの業界で生き残っていくためには相当の努力が必要だなと日々感じています。

仕事がなくならないためには、常に仕事がなくならないような努力をすることです。やっぱり日々是営業！　そして自分のことを忘れられないような努力が必要です。そのためのちょっとした気遣いなど、そういった努力の積み重ねが「継続的な仕事」につながると思います。

また、本当に全く仕事がなくなったときは、最近連絡を取っていなかった人たちに、思い切って連絡をして営業をしてみるといいのではないでしょうか？

この際、恥とか外聞がどうとかは言ってられません。

「仕事がなくて困っているのだけど」と言ってまわれば、誰かしら「じゃあ」と配慮をしてくれる人もいるかもしれません。

そもそも、日頃の細かい営業が足りないから、「仕事がなくなる」状態に陥ってしまうのです。細かいことは3章で述べましたが、年賀状とかちょっとしたメールとか、そういったきめの細かい営業の連続が私たちフリーには大事なのです。


それでも仕事がない場合には、今一度この仕事が自分に向いているのか？　この仕事を続けていくべきか？　それを考えてみるといいと思います。

今の状態になったことが、もしかしたらこの先の人生のキャリアをもう一度見直すいいチャンスなのかもしれません。

Q8 家庭との両立が難しいのですが……？

A 難しいのは何なのか？ の洗い出しをしましょう。

あなたの両立を難しくしている原因は何なのでしょうか。子育て？ 介護？ あなたが男性か女性か？ 子どもがいるかいないか？ いる場合は何人いるのか？ サポートしてくれる人がパートナー以外にどれくらいいるか？ などによって状況は変わってきます。それにあなたが女性の場合は、どうしても家事や育児の負担が増えてしまうことでしょう。それについても言いたいことはありますが、今の日本ではそれはどうにもなりません。

ちなみに私は娘が1歳のときに離婚したので、そこからずっといわゆる「ひとり親家庭」で仕事をしながら娘を育ててきています。

あるときは元夫に、あるときは実家（北海道）の父母に、あるときは実の弟に、あるときはファミリーサポートセンター（自治体が行なっている、子どもを見てほしい人と見てあげたい人とのマッチングサービス）に娘をお願いして必死で働いてきました。

それは自分と娘の生活がかかっているからです。「Q7」のところでも書きましたが、人間必死になれば何でもできると思います。

「両立が難しい」人は「難しいことは何なのか？」を一度考えてみるといいと思います。

それは出張が多いからなのか？　それとも日々の家事が大変なのか？　家事の中でも一番負担なのは何なのか？　夫や姑の顔色なのか？　などなど。具体的に問題を洗い出してみれば、それを解決することが両立の手助けになるのではないでしょうか。

私は1人で娘を育てていくにあたって、ある程度のことはあきらめました。それはたとえばいつも掃除の行き届いた家に住むとか、手の込んだ食事を作るとか、そういうことです。普段なかなかできないところの掃除は実母が来たときにお願いする、手の込んだ食事は無理でもせめて食材は無農薬のものにする、とか、そうやって解決策を講じては、ある程度自分を納得させてきました。それに、子育ては一生続くわけではありません。

私にとって大事なのは娘を育てることであり、「継続的な仕事」を得ることです。

あなたにとって大事なのは何か？　それがしっかり見えていれば、どこをどう工夫すれば仕事と家庭が両立できるかが見えてくると思います。

おわりに

もう、「おわりに」で言うことはありません（笑）。

現時点で、私がフリーとして今まで積み上げてきたものを出し切りました（多分）。

この本を読んで、営業の方法やクライアント、仕事仲間への気の遣い方など、そこまでやるの？　と思った方もいるかもしれません。

もちろん、私もいつでも100％、この本に書いたことができているわけではありません。できていたつもりでも、落とし穴にはまったり、表現が足りなかったりして、失敗することもあります。でも、できるだけこの本に書いた方法を実行するようにしています。

これからの日本では、会社員優位の世の中だけでは立ち行きません。それこそ定年退職した人も、主婦だった人も、いろいろな形で仕事をして世の中を支え合っていかないといけないと思います。

そういう意味でも、「フリー」という働き方は、フレキシブルな働き方のひとつとなるはずです。

この本によって1人でも幸せなフリーな人が増えますように。
もっとフリーという働き方が日本で市民権を得られますように。
そのためにこの本が少しでも役に立ちますように。
そんな思いを込めてこの本を書きました。

そして、この本を作るにあたって、社員時代から私の仕事を助けてくれている多くのフリーの皆さん、いつも私を支えてくれている私の大切な人たち、なかでも、いつも私が思い切り働けるようにサポートしてくれている両親といつも応援してくれている娘に、心から「ありがとう」を伝えたいです。皆さまのおかげでこの本ができました。
そして最後に、この本を世に出すことになるために尽力してくれた同文舘出版の戸井田歩さん、本当にありがとうございました！

2013年7月

長谷川　華

著者略歴

長谷川　華（はせがわ　はな）

編集・ライター

1971 年生まれ。北海道出身。早稲田大学第一文学部卒業後、主婦の友社に入社。『éf』編集部に3年、『赤ちゃんグッズパラダイス』という赤ちゃんグッズの通販雑誌の編集部に1年半、『わたしの赤ちゃん』（『Baby-mo』の前身）編集部に2年半在籍後の 2002 年に円満退社。インドの「マザーテレサ」の施設でのボランティア、ネパールでのエベレストトレッキングなどを含めたアジアへの海外放浪中に妊娠。その後、出産、離婚を経て、現在フリーの編集＆ライターとして、12 年のキャリアとなり、雑誌、書籍を中心に活躍中。

■ Mail : hasehana@facebook.com

「やりたい仕事」で稼ぎ続ける!
フリーランスの仕事術

平成 25 年 9 月 13 日　　初版発行

著　者——長谷川華
発行者——中島治久
発行所——同文舘出版株式会社

東京都千代田区神田神保町1-41　〒101-0051
営業（03）3294-1801　編集（03）3294-1802
振替 00100-8-42935 http://www.dobunkan.co.jp

印刷／製本：三美印刷

ISBN978-4-495-52471-5
Printed in Japan 2013